Les fusillés du Genevois

1944

Les fusillés du Genevois

1944

Contexte – Causes - Conséquences

Frédéric Pellet

En application de l'art. L.137-2.-I. du code de la propriété intellectuelle, toute reproduction et/ou divulgation de parties de l'oeuvre dépassant le volume prévu par la loi est expressément interdite.

© Frédéric Pellet, 2025

Édition : BoD · Books on Demand, 31 avenue Saint-Rémy, 57600 Forbach, bod@bod.fr
Impression : Libri Plureos GmbH, Friedensallee 273, 22763 Hamburg (Allemagne)

ISBN : 978-2-8106-2353-2
Dépôt légal : février 2025

À toutes les victimes de tous les Régimes totalitaires.

L'incompréhension du présent naît fatalement de l'ignorance du passé.

Marc Bloch

Avant-propos

L'historiographie d'un pays, d'une région, d'une ville se construit par apports successifs et le résultat, bien que jamais figé, constitue une fresque au contenu inégal. Certaines périodes suscitent un vif intérêt et font l'objet d'intenses recherches, d'autres au contraire, délaissées, sombrent dans l'oubliance et constituent ce que l'on pourrait appeler un passé inconnu. Pourtant, c'est très souvent durant ces périodes d'apparence insignifiante que se préparent les grands évènements, qu'ils soient heureux ou dramatiques. De même, les temps qui suivent et qui souvent se traduisent par un lent retour au calme et à la sérénité devraient servir à l'analyse des causes pour en tirer les enseignements nécessaires. L'idéal d'une historiographie continue, sans zone d'ombre ni lacune, demeure donc une quête inachevée.

L'écriture de l'Histoire résulte d'un travail d'investigation méthodique et rigoureux, mené généralement par des docteurs certifiés, qui répond aux canons de la recherche scientifique. Dans l'accomplissement de cette tâche, nombreux sont les écueils à éviter. Il y a d'abord la recherche bibliographique préalable à toute étude historique qui se doit, autant que faire se peut, de couvrir l'ensemble des connaissances déjà produites sur le sujet. La fiabilité des sources est également une préoccupation essentielle : sont-elles de première main et sont-elles vérifiées, recoupées ? Il y a aussi l'anachronisme qui consiste à juger une période avec les références d'une autre. Le biais idéologique est également fréquent, volontaire ou le plus souvent inconscient, il conduit à se laisser guider par ses opinions ou ses croyances religieuses, philosophiques ou politiques. À ce dernier s'associe le biais cognitif et émotionnel qui se développe lorsque l'individu est proche socialement ou familialement du sujet étudié. À cet égard, certains psychiatres et psychologues cliniciens estiment que, lorsque dans une famille survient un violent traumatisme – un meurtre, un suicide ou autre accident tragique –, il faut parfois trois générations pour en estomper la douleur et cicatriser la blessure. Dans ce contexte, les témoignages qui font appel à la mémoire des individus sont, bien que primordiaux, à considérer avec précaution, tant le cerveau humain dans la complexité de ses interactions multiples, modifie, transforme, oublie, invente parfois, et cela sans malice ni aucune volonté consciente. On sait par ailleurs que, pour qu'un souvenir reste gravé dans la mémoire, il faut qu'il soit associé à une émotion forte.

Et puis, il y a ce que l'écrit ne peut traduire, la connaissance intime d'un territoire et de ses habitants, qui passe surtout par ce qui a à voir avec l'atmosphère et l'essence du lieu, ici le pays de Savoie. Les senteurs, celle de la terre humide après un orage d'été, de la terre labourée à l'automne, ou encore l'exhalaison de l'herbe fraîchement coupée au printemps, celle des foins séchés sous le soleil igné de l'été. Le parfum du bois, des forêts d'épicéas qui, lorsqu'ils sont récoltés, laissent la fragrance agréable de leur résine se dégager. Le parfum subtil des tilleuls ou autres arbres qui occupent les cours de fermes ou les places de villages. L'odeur des intérieurs, du feu de bois et du café fraîchement moulu. Il y a aussi les bruissements, celui du vent dans les cimes des sapins, le grondement de l'orage, le chant des oiseaux, le timbre du charron à sa forge ou du charpentier sur son toit. Et puis, il y a le goût des fruits de l'endroit, pommes, poires, prunes, des noix, des châtaignes, des légumes, la saveur de la nourriture, souvent simple mais authentique et bienfaisante. Il y a encore le plaisir des yeux, le vert lumineux des prairies d'alpage qui contraste avec celui mystérieux des forêts de sapins, le bleu azur du ciel avant qu'il ne tourne au gris sombre annonçant l'orage. La couleur des glycines et des fleurs multicolores grimpant les façades des corps de fermes au printemps.

Enfin, il y a surtout l'âme et l'esprit des hommes, desquels le regard bleu acier ne laisse transparaître que l'émotion nécessaire et que la poignée de main rugueuse d'un corps sec invite à la franchise et à la loyauté. Le langage des gens, souvent précis et direct, empreint d'honnêteté est exprimé dans une sonorité cordiale et sincère. L'expression non verbale, comme on dit aujourd'hui, marquée de pudeur et de modestie qui conduit l'interlocuteur à la retenue et à l'humilité. La Tradition, les codes sociaux implicites transmis de génération en génération sont autant de facteurs qui pèsent lourd dans les relations interpersonnelles, qu'elles soient amicales, commerciales ou même antagoniques. Il faut plusieurs générations pour pouvoir prétendre être d'un lieu, pour en comprendre les règles et en capter la profondeur temporelle.

Du travail des historiens résulte un immense corpus de connaissances qu'il est illusoire de vouloir appréhender et enseigner dans sa globalité. Cette observation conduit à la nécessité de construire un récit national qui inévitablement simplifie, mais que l'on souhaiterait le plus fidèle à la réalité complexe de l'Histoire. Hélas, trop souvent, l'historiographie passe dans le *« laminoir idéologique »* d'un système politico-médiatique. Des journalistes ou des hommes et femmes politiques de premier plan se lancent dans des comparaisons hasardeuses, aux seules fins de servir leur agenda personnel. Il en résulte un embrouillamini historique et un bruit médiatique qui est souvent la cause de dénis et la source de futurs comportements extrémistes, conduisant à l'expression de haines nombreuses. Dans sa forme caricaturale extrême, le récit devenu un roman national à l'historicité incertaine se construit par addition de mémoires sélectives qui conduit finalement à l'amnésie collective. Ainsi émergent des personnages à la réputation surfaite, à la renommée douteuse et à la notoriété usurpée.

L'enseignement de l'Histoire passe donc, avant toute autre chose, par la mise en place de repères et l'apprentissage de méthodes éprouvées, permettant à l'élève d'acquérir la connaissance de faits réels, replacés dans leurs contextes, qui le conduira, une fois devenu adulte et citoyen, à développer son propre jugement, sa propre philosophie, pour forger ses convictions personnelles.

La période de la Seconde Guerre mondiale n'échappe pas à ce processus de transformation de l'Histoire que l'on souhaiterait, quatre-vingts ans après son dénouement, pouvoir relater de manière apaisée. Mais il y eut, à l'issue de cette époque, des personnages et des groupes de personnes magnifiés, d'autres oubliés, et bien sûr ceux qui, s'étant égarés, furent considérés comme des réprouvés. Dans la première catégorie se trouve l'image du maquisard – partie visible de la résistance – habillé de l'uniforme de la bravoure, du courage et de la clairvoyance, à l'héroïsme irréprochable. Dans le groupe des oubliés, il y a en premier lieu les soldats de 39-40, invariablement associés au rôle du perdant, voire du responsable de la défaite. Peu importe que près de 100 000 d'entre eux périrent en l'espace de six semaines, ce qui constitua un taux de pertes équivalent à celui des pires semaines de la Première Guerre mondiale. Il y a aussi les déportés incapables de raconter leur histoire à leur retour parce que, dans l'euphorie de la victoire, on ne prenait pas le temps ou que l'on ne souhaitait pas les écouter, et cela en dépit des films réalisés par l'armée américaine à la libération des camps. Il y a enfin les requis du STO (plus d'un demi-million) qui ne purent échapper à la réquisition et qui passèrent de longues années dans des conditions de précarité extrêmes et qui furent parfois associés à des collaborateurs volontaires. Et puis il y eut surtout les Juifs, dont

Avant-propos

le sort n'avait pas intéressé grand monde durant cette période et qui, à la libération, n'intéressèrent toujours pas, malgré la mise au grand jour de la *Shoah*. Les grands collaborateurs, Pétain, Laval et Darnand, jugés après-guerre, furent condamnés pour Haute Trahison et Intelligence avec l'Ennemi. Jamais il ne fut question de Crimes contre l'Humanité, ni même de massacres de masse. Il faudra attendre le procès d'Eichmann en 1961 pour que commence une lente prise de conscience qui, en France, sera efficacement portée sur le devant de la scène par les époux Klarsfeld.

Dans la catégorie des réprouvés se trouve évidemment la masse des collaborateurs, au premier rang desquels domine la figure du Milicien, paria de l'histoire, principal objet de la catharsis d'après-guerre et personnage très utile pour oublier sa propre responsabilité, grande ou petite.

Quatre-vingts ans après la libération de la France, cette période « *d'Épuration sauvage* », que par pudeur certains qualifieront d'extrajudiciaire, reste méconnue, car très souvent traitée de manière anecdotique ou orientée, sans prendre les précautions nécessaires pour la replacer dans son contexte sociologique et historique. L'ouverture progressive des archives, qui a débuté il y a quelques décennies, autorise désormais ce travail de mémoire, sur des bases scientifiques, en maitrisant les passions et en dépassant la vulgate du « *bouche à oreille* ». Dans ce contexte, cet ouvrage constitue une contribution infinitésimale à l'histoire de l'Épuration d'après-guerre, dans une petite ville au passé millénaire qui n'avait probablement jamais connu une telle épreuve.

Chapitre I : Une journée singulière

Jeudi 7 septembre

En cette journée pluvieuse du jeudi 7 septembre 1944 se tint à Annemasse – petite ville de Haute-Savoie située à proximité de la frontière suisse – le procès de 32 miliciens et collaborateurs présumés. Le tribunal formé en cour martiale opéra trois semaines après la libération de la ville par les Forces Françaises de l'Intérieur (FFI), durant cette période d'effervescence et de violents débordements qui durera plusieurs semaines et que l'on qualifiera plus tard «*d'Épuration sauvage* » ou extrajudiciaire.

Le procès débuta à 11h15 dans la salle du conseil municipal de l'Hôtel de ville. Une foule nombreuse, estimée à 500 personnes, était venue y assister, mais seules les personnes munies de laissez-passer purent pénétrer dans la salle d'audience. Conformément aux directives du Comité Départemental de la Libération, la cour était composée d'un procureur, de cinq juges, officiers des Forces Française de l'Intérieur, et d'un greffier. À la suite des honneurs de la garde, le procès débuta et les miliciens comparurent par groupe de huit. Après la pause méridienne et à l'issue des interrogatoires, vers 16 heures, le Maire de la ville, Monsieur Jean Deffaugt, intervint pour demander à la cour que *« les coupables soient punis sévèrement, mais que les juges soient indulgents pour ceux qui ont été entrainés sur la fausse voie et à qui on ne peut reprocher aucun crime »*. Alors le représentant du ministère public s'adressa à la cour en disant : « *Etaient-ils Français ceux qui vendaient aux Boches les vrais Français, ceux qui espionnaient dans leurs villages les soldats de la vraie France ?* ». Puis il termina son réquisitoire, en stigmatisant violemment les prévenus et en demandant « *l'application rigoureuse de la loi* ». Les deux avocats commis d'office prononcèrent ensuite leurs plaidoiries, puis la cour se retira pour délibérer. Les juges avaient le choix entre l'acquittement ou la peine de mort. L'audience reprit à 18 heures : dix-huit condamnations à mort pour haute trahison et intelligence avec l'ennemi furent prononcées, suivant l'article 75 (alinéas 1 à 5) du code pénal.

Le soir même, les condamnés furent transportés sur le plateau d'un camion au cimetière du bas, où leur exécution par fusillade se déroula vers 20h30, à l'écart du public. En soirée, leurs corps furent ensevelis et les personnes relaxées furent remises aux autorités militaires. Ainsi, en moins de six heures, trente-deux personnes furent jugées, et pour certaines condamnées, ce qui correspond à environ dix minutes par personne, plaidoiries comprises. L'appel à la clémence du Maire de la ville n'aura pas été entendu.

Le déroulement de la journée a été rapporté par certains quotidiens français[1] et suisses[2], repris dans plusieurs ouvrages traitant du sujet [3,4]. Y figurent les noms des condamnés, leurs âges, leurs communes d'origine, leurs situations de famille ainsi que, pour certains, les faits qui leur ont été reprochés.

La cour martiale d'Annemasse fut en Haute-Savoie la deuxième d'une série de trois, la dernière ayant eu lieu à Annecy le 5 octobre

---

[1] Le Progrès de la Haute-Savoie du 14 septembre 1944.
[2] Le Journal de Genève du 9 septembre 1944, accessible en ligne.
[3] Robert Amoudruz et Guy Gavard, *Annemasse, La frontière et Genève 1939 – 1945*, pp. 416 – 417.
[4] Guy Gavard, *Histoire d'Annemasse et des communes voisines*, p. 342 – 343.

Chapitre I : Une journée singulière

1944. Elle se déroula deux semaines après celle du Grand Bornand qui fut d'une tout autre ampleur du fait du nombre d'exécutions (76) et du contexte de chaos qui régnait les jours qui suivirent la libération d'Annecy et du département de la Haute-Savoie. Plusieurs ouvrages[5] ont été écrits sur cet évènement tragique et émouvant relatant les faits, mais aussi les controverses qui s'en suivirent, allant jusqu'au procès en justice pour l'une d'entre elles. Le plus récent de ces écrits étant celui du magistrat honoraire Jacques Dallest, paru en 2022[6], qui présente l'intérêt d'avoir été rédigé par un homme du Droit, apparemment non marqué par une proximité émotionnelle avec le sujet traité.

La sociologie du groupe de miliciens d'Annemasse était très différente de celle de ceux du Grand Bornand. Dans ce dernier, il s'agissait essentiellement de francs-gardes et il y avait une majorité de cultivateurs très catholiques, dont certains étaient très jeunes. Dans la liste des condamnés, on relève plusieurs jeunes gens mineurs (douze de moins de 21 ans) ; le plus jeune, exécuté avec ses deux frères, venait d'avoir 16 ans. La moyenne d'âge est de 29 ans. On note aussi quatre fratries (une de trois frères et trois de deux) ainsi que deux couples père-fils.

À Annemasse, l'âge des miliciens s'étend de 19 ans pour le plus jeune à 45 ans pour le plus âgé ; l'âge moyen est de 33 ans. Ils viennent pour la plupart de l'agglomération annemassienne ou de villages des proches environs. Neuf d'entre eux sont nés à l'extérieur du département, dont trois de nationalités étrangères (suisse et autrichienne). Quatre sont de Cercier, un village situé au-delà du Mont Sion à 34 km d'Annemasse. Seuls sept d'entre eux sont cultivateurs, les autres sont des employés ou des artisans (mécanicien, cuisinier, plâtrier, vendeur, etc.). On trouve aussi un chirurgien-dentiste

---

[5] Michel Germain, *La vérité vraie sur le procès de la Milice et des miliciens au Grand Bornand du 19 au 24 août 1944*, 236 p.

[6] Jacques Dallest, *L'épuration : une histoire interdite*, 334 p.

gestapiste et un agent d'assurance, le chef de centaine, laquelle, semble-t-il, ne fut jamais complète. Ce sont principalement des miliciens sédentaires non armés, à qui l'on reproche d'avoir été des propagandistes actifs et pour certains des délateurs, dont l'action aurait entraîné l'arrestation, l'exécution ou la déportation de résistants. Un seul aurait commis un meurtre.

Il existe, à la connaissance de l'auteur, très peu de documents dans les archives municipales et départementales permettant de retracer cet épisode. Néanmoins, neuf des procès-verbaux des interrogatoires réalisés par la commission locale d'épuration, en préparation au procès, ont été déposés récemment aux archives départementales de la Haute-Savoie.

Nous vous livrons ci-dessous la retranscription de l'interrogatoire [7] de François A., 29 ans, marié, un enfant, cultivateur à Vétraz-Monthoux, arrêté le jour de la libération d'Annemasse.

François A.

Arrêté le vendredi 18 août à Arthaz par le chef de la résistance de Vétraz.

L'Instructeur : *Quel est le motif de votre arrestation ?*

François A. : *J'ai été S.O.L.[8] puis milicien pendant un mois et demi environ.*

I. : *Avez-vous envoyé votre démission ?*

---

[7] ADHS 2882 W 7 - Miliciens condamnés par la Cour Martiale et fusillés le 7 septembre 1944 : interrogatoires, correspondance – 1944.

[8] SOL : Service d'Ordre Légionnaire.

Chapitre I : Une journée singulière

F. A. : Non. Je croyais que tout était fini - je ne m'occupais de rien - Jean C. - ébéniste à Vétraz peut en témoigner.

I. : Qui vous a fait entrer au S.O.L. ?

F. A. : Personne. J'étais prisonnier pendant 4 mois - je me suis évadé (en octobre 1940) de Baune-la-Rolande. Tout le monde a adhéré à la Légion, moi aussi. Ensuite j'ai cru bien faire encore en faisant partie du S.O.L. Puis nous avons été versés obligatoirement dans les rangs de la milice. J'ai eu confiance en la personne du Maréchal. Je croyais que c'était un grand soldat – j'ai été leurré comme tout le monde.

I. : Auguste A. (avenue Jules Ferry) est votre frère ? Où est-il ?

F. A. : Oui, il était visé – il est parti à Paris.

Je n'ai eu moi aucune activité – je n'ai jamais eu d'ennuis avec personne. Je me suis occupé des prisonniers avec mon commis qui a été prisonnier aussi.

I. : Connaissez-vous H. Lucien ?

F. A. : Oui. C'est le chef départemental des prisonniers. Nous l'avons invité à notre séance au mois de janvier. Nous avons recueilli 20.800 fr. en faveur des prisonniers.

I. : Vous avez appartenu au P.P.F. ?

F. A. : Non. Jamais. Je n'ai jamais été convoqué aux réunions de la milice et à celles du S.O.L. très rarement. - Je n'ai jamais voulu suivre les Allemands. J'avais même honte d'avoir été milicien quand j'ai vu ce qui s'était passé. Mais le Maréchal

> *nous avait dit que le S.O.L. était constitué pour combattre les Boches – je croyais qu'il l'avait dit.*

I. : Qu'avez-vous pensé lorsque, au moment du débarquement en Afrique du Nord, le 8 novembre 1942, il a été fait appel au S.O.L. pour combattre les Anglo-Américains ?

****

> *Et les appels pour la Légion tricolore ? Que pensiez-vous d'un F.[9] ou d'un B. qui portaient l'uniforme allemand ?*

F. A. : Je n'ai jamais suivi ces gens-là. Il y a deux ans que je ne m'occupe plus de rien.

I. : La milice a été créée en mai-juin 1943. Vous étiez milicien.

F. A. : Je n'ai jamais eu aucune activité.

I. : Combien étiez-vous à Annemasse ?

F. A. : Je ne sais pas. J'étais de Vétraz – je descendais rarement à Annemasse.

I. : Vous vous occupiez du ramassage du lait et vous descendiez tous les jours à Annemasse. On vous y voyait tous les jours.

F. A. : J'allais matin et soir à la laiterie de Malbrande[10]. J'ai des parents âgés, deux frères estropiés - je reste seul avec deux commis pour tout le travail – je n'avais pas le temps de m'occuper d'autre chose.

I. : Citez les S.O.L. qui faisaient partie de votre dizaine.

---

[9] Alfred F. dont nous reparlerons plus loin.
[10] Le quartier de Malbrande était situé dans le faubourg d'Annemasse.

Chapitre I : Une journée singulière

F. A. :   D. (qui est ici) ... la dizaine n'était pas complète - ça n'a jamais bien marché.

I. :   *Vous avez participé aux exercices militaires du Bois de Rosses ?*

F. A. :   J'y suis allé deux ou trois fois - C'était F. qui les dirigeait.

I. :   *Combien étiez-vous ? Citez les noms ?*

F. A. :   Une soixantaine. Je ne me souviens pas des noms.

(À l'appel des noms l'inculpé désigne ceux qu'il connait et ne connait pas comme S.O.L.)

A connu comme membres S.O.L. : C. - M. - Ernest T. (pendant 2 ou 3 mois) - Georges H. - B. - Pierre V. - Lucien L. - G.- M. - Joseph D. - P. (2 ou 5 mois après P.P.F.) - Robert V. (jamais vu Jean) - O. - F. D.

I. :   *Aux exercices militaires, y avait-il des représentants de la police ?*

F. A. :   Non.

I. :   *Vous n'avez jamais vu Z. avec vous ?*

F. A. :   Non. Jamais. Il m'a demandé pourquoi je faisais partie de cette organisation.

****

I. :   *Les renseignements recueillis sur vous ne sont pas défavorables, c'est un fait, mais en tant que milicien, vous serez traduit devant une cour martiale - Nous transmettrons vos déclarations.*

Fin de l'interrogatoire.

Malgré la note d'espoir suscitée par la conclusion de l'instructeur, François A. fit partie des dix-huit fusillés. Le motif de sa condamnation paru dans la presse fut : « *Milicien convaincu qui a déployé une grande activité* ». Il fut enseveli avec ses compagnons dans le cimetière d'Annemasse.

Au printemps 1949, l'avocat de certaines familles écrivit au Maire d'Annemasse pour demander l'exhumation des corps, afin qu'ils puissent être enterrés dans leurs communes d'origine[11]. Après consultation du préfet, le Maire donna son accord aux conditions qu'aucune cérémonie ne soit organisée, qu'aucun faire-part ne soit diffusé et que soit, bien évidemment, obtenue l'autorisation du Maire de la commune concernée[12]. L'exhumation des corps eut lieu le 16 septembre 1949 à 20h30, soit quatre ans après les exécutions.

Aujourd'hui, ceux dont le corps n'a pu être transféré reposent dans le carré des fusillés au cimetière d'Annemasse.

Scènes de liesse et d'humiliations

Comme dans la plupart des villes de France, la libération d'Annemasse (18 août 1944) donna lieu à des scènes de liesse populaire qui durèrent plusieurs jours. Par voie d'affichage, le Maire mit en garde la population afin qu'elle ne cède pas à la vindicte et aux représailles spontanées et improvisées.

Les officiers allemands avaient négocié leur passage en Suisse avec le Maire Jean Deffaugt qui avait, probablement, obtenu l'aval du commandement FFI ou du Comité Départemental de la Libération (CDL). D'autres, simples soldats, durent se rendre et demeurèrent prisonniers de guerre, pour certains pendant plusieurs

---

[11] AMA, Lettre de Maitre Cottet au Maire d'Annemasse.
[12] AMA 57.122, Exhumations des corps des miliciens fusillés le 7 septembre 1944 (1949)

années[13]. Puis il y eut le lot d'humiliations rituelles. Il se dit que seize femmes soupçonnées de collaboration furent tondues et promenées sur un camion à travers la ville. On raconte aussi que l'une d'entre elles, plus vindicative que les autres et suspectée de collaboration « *horizontale* », aurait crié à la foule : « *Mon cœur est français, mais mon c*l est international.* »

Après deux mois de juridiction militaire, constituée par les trois cours martiales citées plus haut, la justice civile reprit son cours en novembre 1944, toujours dans le cadre d'une juridiction d'exception. Les procès furent dès lors organisés par des professionnels de la justice dans le cadre de cours de justice et de chambres civiques, dans lesquelles le verdict était rendu par des jurys populaires au nom du peuple français[14].

La commission locale d'épuration d'Annemasse, dirigée par un résistant communiste – qui plus tard deviendra adjoint au maire de la ville –, examina plus de 350 dossiers jusqu'en 1950[15]. Parmi les personnes inquiétées, on trouve pêle-mêle des profiteurs de guerre, des prostituées, des collaboratrices sentimentales, des acteurs du marché noir ou des délateurs en tous genres qui, pour certains, seront traduits devant les cours de justice ou les chambres civiques.

Guerre civile en Haute-Savoie

La libération du département intervint après plus d'un an et demi d'une guerre civile impitoyable, féroce et sanglante, opposant les partisans du régime de Vichy aux résistants, maquisards ou sédentaires, avec les forces d'occupation italiennes puis allemandes en

---

[13] Éric Bernard-Saarelainen, *Les prisonniers de guerre en Haute-Savoie 1944-1948*.
[14] Jacques Dallest, *op. cit.*, p. 267.
[15] ADHS 49 W 10 - Commissions d'Épuration.

arrière-plan[16]. Jusque-là larvée, leur opposition se radicalisa lorsque le gouvernement instaura, le 16 février 1943, le Service du Travail Obligatoire (STO) qui consistait à envoyer des jeunes gens travailler en Allemagne pour permettre le retour de prisonniers. Au système peu opérant de *la relève*, basé sur le volontariat, se substitua celui coercitif du STO qui eut pour conséquence une entrée massive des jeunes des classes 20, 21 et 22 dans la clandestinité. Nombreux furent les jeunes Hauts-Savoyards qui partirent dans les alpages rejoindre des groupes déjà constitués, ou simplement occuper des granges ou des chalets pour échapper à la réquisition. Le pic de cet exode fut atteint en mars 1943 avec l'épisode dit du « *soulèvement savoyard* », relayé et magnifié par radio Londres[17] et les médias suisses (presse écrite et radio Sottens). Il s'ensuivit un afflux de réfractaires venant des quatre coins de France. Claude Barbier, dans son ouvrage consacré aux Glières[18], estime qu'au plus fort du phénomène, on comptait entre six et dix mille individus clandestins répartis dans les Maquis, ou plus simplement, occupés en plaine comme simples ouvriers agricoles, ou encore en montagne comme bûcherons.

Quelques semaines plus tôt, fin janvier 1943, le gouvernement de Vichy avait transformé le Service d'Ordre Légionnaire (SOL) pour constituer la Milice française, une organisation paramilitaire destinée au maintien de l'ordre et à lutter contre les mouvements de Résistance qualifiés de « *terroristes* » ou de « *bandes armées* ». La Milice recruta dans pratiquement tous les milieux sociaux, mais localement, en Haute-Savoie, on retrouva de nombreux jeunes cultivateurs (on ne parlait pas d'agriculteurs à l'époque) d'origine conservatrice et catholique. Certains miliciens étaient sédentaires et non

---

[16] Michel Germain, *Le sang de la barbarie*, pp. 39-85.
[17] Claude Barbier, *Le Maquis de Glières – mythe et réalité*, pp. 53-59.
[18] *Ibid.*, p. 53.

armés, tandis que d'autres, rétribués et armés, constituèrent la Franc-Garde.

Ainsi allaient se retrouver face à face des jeunes gens issus souvent du même milieu, parfois du même village, mais aux idées politiques et aux convictions religieuses radicalement opposées. Leur antagonisme et leur inimitié d'avant-guerre allaient se transformer en détestation, puis en haine viscérale, au point de perpétrer les pires exactions et commettre l'irréparable dans la plus grande cruauté. Le paroxysme de ces violences, qui en Haute-Savoie n'avaient plus eu cours depuis la grande Terreur de 1793, fut atteint en janvier 1944 et conduisit l'Intendant de Police et le préfet à déclarer l'état de siège dans tout le département. C'est au cours de cette période, en mars 1944, que la tragédie des Glières[19] se déroula.

Pour comprendre pourquoi et comment de tels mécanismes de haine réciproque se sont mis en place et développés pour atteindre des extrêmes, il nous faut nécessairement prendre du recul et nous livrer à une analyse du phénomène sur le temps long.

---

[19] Claude Barbier, *op. cit.*

Chapitre II : Aux origines du mal

La foi de beaucoup d'hommes est une affaire de géographie – Jean-Jacques Rousseau

Lorsqu'un drame ou une tragédie survient dans une société humaine en un lieu donné et à un instant précis, la recherche des causes nécessite inévitablement une approche multidisciplinaire faisant appel à des sciences aussi diverses que sont la Géographie, l'Histoire, l'Ethnologie, l'Anthropologie, l'Étiologie et même, dans certains cas, à la Psychiatrie. Il importe, avant de se livrer à tout jugement, de peser l'influence extérieure qui pousse un individu à faire des choix et à agir d'une manière ou d'une autre. C'est à cet exercice périlleux et incertain que nous allons tenter de nous soumettre dans les pages qui suivent.

De la prépondérance de la géographie physique

La géographie physique au sens large, incluant le climat, la topographie (relief), la géologie et bien d'autres facteurs environnementaux, joue un rôle prépondérant dans le développement et l'organisation des sociétés humaines. Au-delà des différents types d'ethnies, la physionomie, le tempérament, la culture des individus en sont très largement influencées. L'orographie d'un territoire et l'hydrographie qui en résulte, conditionnent le peuplement d'une région et façonnent le tempérament de ses habitants.

La France, ce vaste territoire d'un demi-million de km² est, du point de vue géographique, idéalement positionnée sur la surface du globe terrestre. Parfaitement centrée sur le 45ᵉ parallèle, elle jouit d'un climat tempéré caractérisé par des températures relativement douces et des précipitations modérées. En se déplaçant vers le Sud, les terres se transforment vite en sols arides, et en allant en direction du Nord, le climat devient rapidement inhospitalier. À l'exception des chaînes de montagnes, son relief est peu prononcé et son altitude moyenne, de 350 m environ, est relativement modeste en comparaison de celles de ses voisins comme l'Espagne (700 m) et l'Italie (540 m). De plus, elle dispose d'une imposante façade maritime orientée à l'Ouest, ce qui constitue un élément favorable au développement, en raison des courants dominants. On retrouve cette situation avantageuse aux États-Unis d'Amérique, dans le cas de la Californie.

Ces conditions firent de la France un véritable pays de cocagne, où la douceur de vie, exprimée dans les sonnets de Joachim Du Bellay[20], fut propice au développement de l'activité humaine. C'est peut-être aussi ce qui explique la propension du Gaulois à la bagarre, car ayant moins à lutter pour sa survie que d'autres peuples, il a plus de temps pour la chicanerie. Toujours est-il qu'à la veille de la Révolution de 1789, la France était de loin le pays le plus peuplé d'Europe, avec environ 28 millions d'habitants. À la même période, l'Angleterre et l'Espagne n'en comptaient respectivement que 7,5 millions pour l'une et 10 millions pour l'autre.

---

[20] Joachim Du Bellay, écrits sur la douceur angevine dans son recueil de sonnets, *Les Regrets*.

Chapitre II : Aux origines du mal

Pour ces raisons aussi, la France est un pays d'où l'on a peu émigré, comme en atteste le peuplement de la Nouvelle France qui, à son apogée, ne comptait que 90 000 têtes sur un territoire de 8 millions de km². À la même époque, on dénombrait 500 000 colons dans le territoire exigu de la Nouvelle-Angleterre. Les vagues d'émigration de l'Europe vers l'Amérique au XIXe siècle et au début du XXe ne concernèrent que très peu la France, au contraire de pays comme l'Allemagne, l'Angleterre ou l'Italie. Dans la part de ceux qui émigrèrent aux États-Unis d'Amérique, l'apport français est faible au regard de celui de l'Allemagne ; de l'ordre du dixième. A contrario, dès la fin du XIXe siècle, la France accueillit plusieurs vagues successives d'immigration de travail, d'origine polonaise, italienne, espagnole, portugaise et plus tard africaine.

En se livrant à la même analyse géographique mais en se concentrant sur le territoire de la Haute-Savoie, on s'aperçoit en premier lieu de la diversité de son milieu naturel. Le Sud-Est est occupé par une portion de la chaîne des Alpes qui s'étend de Nice à Vienne, en Autriche, et qui résulte de la collision des plaques tectoniques africaine et européenne. En Haute-Savoie, ce segment de l'arc alpin, qui comprend le massif du Mont Blanc, est constitué de roches magmatiques de nature cristalline, parfois métamorphisées (Granite et Gneiss). À l'avant de ce massif se trouvent les chaînes de montagnes des Préalpes, formées des roches originelles, soulevées et parfois déplacées ou charriées. Ces terrains, le plus souvent de nature sédimentaire et calcaire (massif des Aravis, des Bornes, du Chablais, etc.), se sont formés par diagenèse lorsque la mer de Thétis occupait la région il y a environ 500 millions d'années. Les températures tropicales qui y régnaient alors, trouvent leur explication dans la position des plaques tectoniques à la surface du globe qui, au cours de la dislocation de la Pangée[21], n'était pas encore celle qu'on leur connait

---

[21] La Pangée est un supercontinent qui regroupait l'ensemble des continents au Carbonifère, soit il y a entre -360 et -300 millions d'années.

aujourd'hui. Pour compléter cette description géologique et géophysique, il faut mentionner la présence d'un réseau de failles, d'orientations et d'extensions diverses, qui sont régulièrement le siège de séismes d'intensité modérée.

Les massifs montagneux de la Haute-Savoie sont traversés par des vallées d'origine glaciaire parcourues par des cours d'eau, d'importance variable, desquels elles tirent leurs noms (vallée de l'Arve, vallée de la Dranse, vallée du Fier, etc.). La fin des grandes glaciations de Riss et de Würm[22], et le retrait des glaciers qui en résulta, laissèrent place à de nombreux lacs, dont les plus importants sont le lac d'Annecy et le lac Léman. Entre lacs et montagnes se trouve l'avant-pays, au relief apaisé, constitué de formations alluvionnaires d'origine glaciaire ou fluviale et qui reposent sur un substratum molassique affleurant en certains endroits.

À l'endroit où la vallée de l'Arve s'ouvre largement, se dégage, entre Jura et piémonts alpins, un vaste territoire dans lequel demeure une grande partie des terres arables. Cette situation est unique dans tout le sillon alpin ; les villes de Grenoble, Chambéry et même Annecy ne bénéficient pas de telles conditions géographiques propices au peuplement et au développement économique. Les habitants de ces cités ne connaissent pas, durant les longues soirées d'été, les languissants couchers de soleil au lointain. Ce territoire de l'avant-pays haut-savoyard est constitué du Bas-Chablais, du Bas-Faucigny et du Genevois lémanique, et c'est à la rencontre de ceux-ci que se situe l'agglomération annemassienne. La cité, située à 450 mètres d'altitude, s'est développée sur une terrasse alluvionnaire au pied de laquelle s'écoule la rivière de l'Arve qui, après avoir contourné le mont Salève – dernier chaînon de la chaîne du Jura –

---

[22] La glaciation de Würm est la dernière des grandes glaciations. Elle s'étale de -115 000 ans à -11 700 ans avant notre ère. Les Alpes étaient recouvertes d'une calotte glaciaire dont l'extension, à son maximum, approchait la ville de Lyon.

poursuit son cheminement vers la ville de Genève, en effectuant quelques méandres.

Territoires et populations

Dans les montagnes de Haute-Savoie, le peuplement a engendré le développement d'une civilisation alpestre à forte identité culturelle. Cette société ancestrale vivait en quasi-autarcie, principalement d'une agriculture vivrière nécessaire à sa perpétuation. L'élevage bovin, qui était la ressource principale, permettait de fournir le lait nécessaire à la production du beurre et du fromage, de la vente desquels on tirait l'argent indispensable pour acheter outils, vêtements, sel pour la conservation des denrées et autres nécessités. En complément, les paysans élevaient souvent un cochon et quelques poules, tout en cultivant un petit jardin de légumes. À cela il faut ajouter, en fonction de l'exposition des versants[23], l'exploitation de petits vergers d'où ils tiraient pommes, poires ou autres noix, permettant de varier l'alimentation. En automne, avec les pommes, ils produisaient la « *maude* » (cidre en patois) qui, à l'été suivant, se transformait en une boisson âpre et légèrement alcoolisée. Les journées de travail étaient longues et harassantes, et la vie, rythmée par les saisons et les fêtes religieuses, y était rude, notamment lors des longs hivers froids et enneigés.

Plus bas, dans les vallées et dans l'avant-pays, s'était développée une agriculture plus extensive orientée vers le maraîchage, en raison de la proximité des bourgs dont le plus important était, bien évidemment, la ville de Genève, place centrale du tissu économique régional depuis toujours. On y trouvait aussi de vastes vergers de pommiers, poiriers, cerisiers et on y cultivait les framboises et autres fruits rouges. Sur les coteaux ensoleillés, on exploitait la

---

[23] L'une des particularités des territoires de montagne est de présenter des secteurs bien exposés au soleil, les Endroits (l'Adret), et d'autres restant à l'ombre, les Envers (l'Ubac).

vigne, plantée en hutins, de laquelle était produit un petit vin aigrelet appelé le clairet. Parmi les cépages, il y en avait d'anciens, comme le Brezin, tandis que d'autres tels que le Chasselas sont toujours exploités dans le Bas-Chablais. Dans la région d'Annemasse, le coteau Ouest de la colline de Monthoux était couvert de vignes jusqu'au début du XXe siècle. La vie y était plus douce ou, plus exactement, moins difficile qu'en montagne et les échanges nombreux permettaient de faire circuler les produits, mais aussi les idées venues d'ailleurs.

L'habillement rudimentaire était confectionné à partir de laine, de chanvre, de cuir et parfois de lin. Les femmes filaient et tricotaient pendant l'hiver, et les hommes, malgré la rudesse des lieux, se déplaçaient à travers les cols pour émigrer temporairement pendant la mauvaise saison, lorsqu'à la montagne il n'y avait pas beaucoup de travail : les montagnards devenaient alors colporteurs, ramoneurs, peigneurs de chanvre, scieurs de long et même parfois instituteurs. « *Ils se déplaçaient aussi pour commercer et échanger avec leurs voisins, les Valdôtains, les Valaisans et les Piémontais. Les Valaisans achetaient en vallée d'Aoste et en Savoie du vin rouge plutôt rare chez eux, les Savoyards revendaient le sel aux Valdôtains, indispensable pour la conservation des aliments et pour l'élevage, et achetaient du riz venant de la plaine du Pô*[24] ».

Jérôme Fourquet, dans un ouvrage récent intitulé « *La France d'après* », rappelle les observations du géographe Siegfried[25] qui, au début du XXe siècle, avait remarqué que les terres de granite produisaient des conservateurs catholiques, alors que sur les terrains calcaires s'épanouissaient des républicains libéraux. Dans le cas de la Haute-Savoie, le principal critère sociologique discriminant

---

[24] https://www.autourdumontblanc.com/territoire-1/un-territoire-d-exception (consulté en octobre 2024).

[25] Jérôme Fourquet, *La France d'après,* pp. 12-13.

semble être l'altitude du lieu[26]. Plus on s'élève, plus les communautés rencontrées sont conservatrices et croyantes. Est-ce dû à une plus grande proximité des cieux ? Plus prosaïquement, cela a vraisemblablement à voir avec les conditions de vie très rudes qui imposent l'humilité devant les forces de la nature et qui invitent à la solennité et à l'abnégation. Face à l'adversité, les gens de la montagne ont développé des facultés de résilience et leur confrontation quotidienne aux éléments naturels leur suggère qu'il existe une force supérieure à celle de l'Homme. Leur foi et leur espérance leur fournissent l'élan vital nécessaire pour surmonter les vicissitudes de l'existence. Il n'y a qu'à admirer ces magnifiques églises ou chapelles de style baroque, ou remarquer le nombre de croix et d'oratoires qui parsèment la campagne, pour se convaincre de la sincérité de leur ferveur et de leurs convictions. Ces édifices, souvent financés par des colporteurs ou des émigrés ayant connu la fortune ailleurs, attestent de leur reconnaissance au Tout-Puissant.

Leur vie menée dans la piété les a conduits à engendrer des familles très nombreuses ; les familles de dix à douze enfants n'étaient pas rares. Il en résulta, dans la seconde partie du XIXe siècle, une surnatalité qui poussa nombre d'entre eux à l'émigration. Certains, à des époques différentes, partirent pour les grandes villes françaises, Lyon et Paris, ou pour leur capitale, Turin, avant l'annexion à la France. D'autres s'exilèrent beaucoup plus loin et de manière définitive en Argentine[27], aux États-Unis d'Amérique ou au Canada, alors que d'autres encore émigrèrent en Afrique du Nord[28]. Toutes ces séparations ont laissé des traces profondes, renforçant la cohésion des communautés et les valeurs de solidarité, de loyauté et d'honnêteté qui les caractérisent.

---

[26] Paul Guichonnet, *La géographie et le tempérament politique dans les montagnes de la Haute-Savoie*.
[27] Claude Chatelain, *Les Savoyards de la Pampa*.
[28] Gérald Richard, *L'aventure des Haut-Savoyards en Algérie*.

Dans les vallées et au pourtour des piémonts, la vie s'était déployée dans des petites bourgades et des petits villages où, en marge de l'agriculture, s'était développée une activité d'artisanat et de petits commerces. Dans notre zone d'intérêt, l'agglomération annemassienne, les paysans commerçaient et exportaient l'essentiel de leurs productions agricole et maraîchère à Genève. Le rayon d'influence économique du centre d'activité genevois se déterminait par la capacité d'un marcheur à faire l'aller-retour dans la journée, ce qui correspond peu ou prou à une distance de 10 à 15 km. Il y avait aussi de nombreux petits métiers itinérants qui sillonnaient la région, comme le colporteur avec sa balle sur le dos qui vendait toutes sortes d'articles de mercerie, de coupons d'étoffe et d'objets du quotidien, ou le pattier qui récupérait les chiffons et autres peaux devenues inutiles, ou encore le rémouleur qui, équipé de sa meule, aiguisait les couteaux et autres objets tranchants[29]. À cela, il faut ajouter le négoce du bois d'œuvre, venant de vallées plus éloignées comme la vallée verte et la vallée du Giffre et, au pourtour du Léman, une activité de pêche complétée par le commerce de pierres de taille qui, venant de Meillerie, traversait le lac sur des barges pour rejoindre leurs clients genevois et lausannois.

Parler savoyard et francoprovençal

Le parler des habitants de la Savoie, qui variait sensiblement d'une vallée à l'autre, était constitué de patois ou dialectes issus du franco-provençal – parfois appelé Arpitan – qui est l'une des langues gallo-romanes. Celle-ci était parlée sur un territoire qui correspond approximativement à la région Rhône-Alpes actuelle, auquel il convient d'ajouter la Suisse romande ainsi que le val d'Aoste et quelques vallées du Piémont italien.

---

[29] Dominique Ernst, *Magnin, pattier ou coquetier : de petits métiers anciens et itinérants, aujourd'hui disparus*, Le Messager du 4 avril 2024.

Chapitre II : Aux origines du mal

Au cours des dernières décennies, cette langue a progressivement disparu (mon grand-père la parlait, mon père la comprenait et je ne connais que quelques mots). Elle avait été sérieusement mise à mal lors de la Ire République, sous la Terreur, par la Convention qui voulait un territoire unilingue[30], puis par l'annexion de la Savoie à la France et enfin par l'école républicaine de Jules Ferry, qui en interdisait l'usage dans ses murs, tout comme les autorités militaires le faisaient dans les casernes.

Cet écosystème culturel a perduré pendant des siècles, sans changements notables, si ce n'est ceux liés à la politique et aux différentes appartenances nationales, au gré des péripéties historiques successives. Ainsi peut-on décrire l'environnement géographique et humain de la Haute-Savoie dans lequel baignait la vie des habitants, avant l'avènement de la terrible période de l'Occupation de 1940-1944.

---

[30] Léa Mouton, *Valorisation du patrimoine linguistique dans l'Arc Alpin à travers l'étude de la conscience linguistique*.

Chapitre III : L'Histoire et le temps long

Quand le passé n'éclaire plus l'avenir, l'esprit marche dans les ténèbres – Alexis de Tocqueville

Les dramatiques événements survenus en Haute-Savoie en cette année 1944 ont des racines très profondes. Ceux-ci sont le produit de longues transformations opérées dans un creuset géographique et culturel caractérisé principalement par la montagne et la religion catholique, avec en toile de fond le royaume de France et le voisin helvétique. Depuis l'origine de la maison de Savoie, datée d'autour de l'an mil, avec le premier comte de Maurienne, Humbert aux Blanches Mains, le territoire de Savoie s'est agrandi, puis s'est lié à la province du Piémont, pour s'attacher ensuite au royaume sarde et finalement se donner à la France. Au cours de ce long processus historique, quelques jalons méritent d'être mis en exergue. Le premier est relatif à la transformation du comté en duché, réalisée en 1416, par Amédée VIII[31,32], vassal du Souverain du Saint Empire romain germanique, qui devint plus tard Antipape sous le nom de Félix V. Le deuxième est le transfert de la capitale historique de Chambéry à Turin, juste après la Réforme protestante en 1569, et le troisième est l'obtention du titre royal par l'acquisition du royaume sarde en 1720. C'est de cet évènement que nous partirons pour décrire le long prélude conduisant au rattachement de la Savoie à la France et au sentiment d'appartenance – parfois contrarié – à cette Nation.

Les idées se développent le ventre plein

Le royaume de France atteint son apogée sous le règne de Louis XIV (1643 - 1715) qui inscrivit ses pas dans ceux de son père Louis XIII. Les ministres successifs, Richelieu, Colbert et Mazarin, développèrent l'administration et la centralisation du royaume qui assurèrent à la Couronne une réelle prospérité économique, en dépit d'épidémies de peste et d'une période climatique très froide (minimum de Maunder[33]) responsable de plusieurs périodes de disette. La révocation de l'édit de Nantes (1685) vit les Huguenots – dont certains vinrent s'établir dans la cité-État de Genève – fuir le pays, ce qui entraina un début de soubresaut économique. La fin de règne fut marquée par la guerre de succession d'Espagne (1700-1714) qui se soldera par une défaite et le traité d'Utrecht (1713). À cette date, la France évacua la Savoie qu'elle avait occupée, et Victor-Amédée II, duc de Savoie et prince du Piémont, qui se trouvait dans le camp des vainqueurs, devint roi de Sicile en 1713, puis roi de Sardaigne en

---

[31] Henri Ménabréa, *Histoire de la Savoie*.

[32] Amédée VIII fut considéré comme le plus grand duc de Savoie. Après avoir été élu Antipape, il finira ses jours au château de Ripaille, lieu qu'il appréciait particulièrement.

[33] Le minimum de Maunder est une période du petit âge glaciaire, située entre 1645 et 1715, au cours de laquelle les températures étaient particulièrement froides, donnant lieu à plusieurs mois consécutifs de températures négatives.

1720, après qu'un échange de territoire avec l'Espagne lui fut imposé. Annemasse, à cette époque, était encore un petit village de quelques centaines d'âmes, situé dans la province du Genevois.

Louis XIV laissa le royaume de France à son arrière-petit-fils, Louis XV (1715 - 1774), dans une situation financière dégradée par des années de guerres et qui allait encore se détériorer par la survenue de plusieurs conflits successifs. La guerre de succession de Pologne (1733 - 1738), la guerre de succession d'Autriche (1740 - 1748) – au cours de laquelle la Savoie fut occupée par les troupes espagnoles – et finalement la guerre de Sept Ans (1756 - 1763) s'enchaînèrent en trois décennies. Ce dernier conflit, considéré par certains historiens comme la véritable première guerre mondiale, se termina par le « *honteux* » traité de Paris, par lequel la France perdit le Canada et ses possessions en Inde. La Savoie, fort intelligemment, se tint à l'écart de ce conflit.

Nonobstant les guerres menées et les conditions de vie souvent difficiles, il s'était développé en France et dans les principaux pays européens une bourgeoisie enrichie par le commerce – dont la traite négrière faisait partie – qui eut le loisir de s'adonner à la réflexion et aux beaux-arts. Parmi ces notables, certains promurent et aidèrent des intellectuels de différentes disciplines, gens de lettres et grands savants. Ainsi, progressivement, émergèrent des idées nouvelles et des théories philosophiques d'inspiration libérale, dont les plus marquantes passèrent à la postérité. Voltaire et Rousseau, qui eurent tous deux des liens forts avec la région lémanique, furent parmi les figures marquantes de ce courant intellectuel des *Lumières*. Dans le domaine des sciences, la connaissance fit un bond en avant avec notamment les travaux d'Isaac Newton en physique et d'Antoine Lavoisier en chimie et en thermodynamique. L'ensemble des savoirs du moment fut rassemblé dans la Grande Encyclopédie de Diderot et d'Alembert – *Dictionnaire raisonné des sciences, des arts et des métiers* – qu'ils mirent plus de deux décennies à élaborer (1751 – 1772). Gaspard Monge, mathématicien de père savoyard, et

Claude-Louis Berthollet, chimiste né à Talloires, firent partie de cette intelligentsia, ainsi que Joseph-Louis Lagrange (Giuseppe Luigi Lagrangia) – bien connu des mécaniciens du solide – né à Turin et qui fera ses études à l'Université de sa ville natale, avant de s'établir en France. À Genève, Horace Bénédicte de Saussure, physicien et géologue naturaliste, étudie les effets de l'altitude sur certaines grandeurs physiques, ce qui le conduit à gravir le Mont-Blanc en 1787, guidé par le cristallier et chasseur de chamois originaire de Chamonix, Jacques Balmat.

Pendant ce temps, le petit duché de Savoie, qui comptait environ 350 mille âmes dans un ensemble de quatre millions d'habitants, le royaume de Piémont-Sardaigne, se modernisa de façon moins spectaculaire, mais plus profonde. L'élaboration de la *Mappe sarde* (1728 - 1738) destinée à l'établissement d'un impôt plus juste – la Taille – basé sur la propriété foncière, permit une imposition plus équitable des nobles et du clergé, bien avant que cela ne fût le cas chez le voisin français. L'établissement de ce cadastre, initié par Victor-Amédée II et achevé par Charles-Emmanuel III, fut une première en Europe et dans le monde occidental. Plus localement et à partir de 1754, le roi de Sardaigne va favoriser l'édification et le développement de la cité de Carouge destinée à constituer un poste avancé du royaume sarde, face à la cité-État de Genève. La ville deviendra le chef-lieu de sa province en 1780, puis ville royale en 1786. Dans cette nouvelle bourgade, qui comptait 3 200 habitants à la veille de la Révolution, il régnait une liberté cultuelle qui permettait aux catholiques, protestants et juifs de cohabiter sans acrimonie. Il existait même un club des Jacobins et probablement des loges maçonniques. Cette ville nouvelle, très cosmopolite, était aussi un lieu où les bourgeois genevois, très corsetés par la doctrine calviniste dans les murs de leur ville, venaient s'encanailler.

Côté français, Louis XVI succéda à son grand-père Louis XV, mais la situation financière alla en empirant et le royaume de France se trouva rapidement au bord de la banqueroute. Les ministres successifs, Turgot, Calonne et Necker, tentèrent de rétablir la situation en proposant un système d'imposition direct, qui rencontra l'opposition de la noblesse et du clergé. Aussi, en dépit d'avancées sur le droit des personnes, comme l'édit de Tolérance[34] de 1787, le mécontentement légitime du peuple, associé à la volonté de la bourgeoisie inspirée des *Lumières* de voir évoluer la Société vers un régime plus libéral, provoqua la convocation des états généraux, puis la conflagration de 1789.

La Révolution française et l'Empire

La Révolution française, légitimée par la nécessaire évolution du système politique – à l'instar de ce qui s'était passé en Angleterre un siècle plus tôt et aux États-Unis d'Amérique douze années auparavant – déboucha sur la mise en place d'une monarchie constitutionnelle. Cette dernière, après trois années de troubles et d'instabilité alimentés par les palabres de politiciens bourgeois ne représentant qu'une minorité parisienne, laissa le champ libre à une répression impitoyable qui se développa à travers les campagnes de France. Exécutions, destructions et spoliations, menées le plus souvent par des exaltés associés à des opportunistes vicieux, furent le lot quotidien de ceux qui n'adhéraient pas à la nouvelle idéologie. Le paroxysme de cette grande Terreur fut atteint lors du génocide vendéen, perpétré en 1793-1794 par les colonnes infernales du funeste général Turreau, qui massacrèrent plusieurs dizaines de milliers de personnes[35], femmes, enfants et vieillards confondus, dans la plus grande barbarie et la plus monstrueuse cruauté. Ces persécutions religieuses et le massacre de prêtres réfractaires, hostiles à la Constitution civile du clergé, laisseront des traces profondes au cours des siècles ultérieurs.

---

[34] L'Édit de tolérance met fin à la proscription des Protestants qui peuvent désormais se marier civilement.
[35] Les estimations varient de 20 000 à 100 000 personnes.

Les troupes françaises du général Montesquiou, constituées de l'armée des Alpes (entre 12 et 15 mille hommes selon les sources), à laquelle une compagnie de la légion des Allobroges commandée par le capitaine Dessaix avait été incorporée, entrèrent en Savoie le 22 septembre 1792, le lendemain de l'abolition de la monarchie constitutionnelle par la Convention et deux jours après la victoire de Valmy. En provenance de la vallée du Grésivaudan (Isère), elles pénétrèrent le territoire savoyard sans rencontrer de réelle résistance de la part de la garnison sarde, qui se replia en passant par les cols alpins dans le val d'Aoste et le Piémont[36]. Dans un premier temps, les Français furent accueillis avec enthousiasme par la population et surtout par la bourgeoisie de Chambéry, laquelle avait été abondamment inspirée par les idées des *Lumières*. Il existait dans la ville un club des Jacobins et plusieurs loges maçonniques, parmi lesquelles « *La Sincérité* » fondée par le philosophe et homme politique savoisien Joseph de Maistre.

Après que l'Assemblée des Allobroges, réunissant des députés représentant chaque commune, se soit constituée et réunie entre les 21 et 27 octobre 1792 à Chambéry, la monarchie sarde fut abolie et la confiscation des biens du clergé et des nobles exilés fut prononcée. Dans cette assemblée, la commune d'Annemasse est représentée par Gaspard-Henri Boccard[37], et celle d'Ambilly par un notaire royal, Jean-Baptiste Frarin, également franc-maçon. Le territoire du duché de Savoie est rattaché à la France le 27 novembre et constitue le 84e département français, nommé département du Mont Blanc, avec Chambéry comme chef-lieu. La municipalité d'Annemasse, qui ne comptait guère plus de 500 habitants, a pour premier maire Aimé Boccard et se retrouve dans le district de Carouge, tout en étant chef-lieu de canton. Le district de Carouge, quant à lui, est

---

[36] Paul Dufournet, *La Savoie dans la Révolution avec les Conventionnels Jean-Baptiste Carelli de Bassy et Anthelme Marin*.

[37] Gavard, *op. cit.*, p. 148.

représenté à la Convention nationale par le député montagnard[38] François Gentil, avocat de profession.

Mais comme en France, la situation se dégrada dès 1793, lorsque les nouvelles autorités appliquèrent la Constitution civile du clergé et procédèrent à l'inventaire et à la mise en vente des biens de l'Église ainsi que ceux des exilés. Dans le diocèse d'Annecy, seuls vingt-huit prêtres prêtent serment à la nouvelle Constitution ; le curé d'Annemasse fait partie des réfractaires et prend le chemin de l'exil. L'impopularité du nouveau régime empire lorsque le gouvernement révolutionnaire impose la réquisition de 4 000 hommes pour le département du Mont Blanc. La vente des biens nationaux va donner aux nouveaux convertis à l'idéologie révolutionnaire l'occasion de se remplir les poches. Ainsi, le Maire d'Annemasse acquiert quatre lots de la vente des biens ecclésiastiques de la cure d'Annemasse[39]. De nombreux élus et responsables de l'administration, accompagnés d'opportunistes de toutes sortes, saisirent l'aubaine et se constituèrent des fortunes et un patrimoine très rapidement, ce qui pourrait expliquer leur réticence à réintégrer le royaume de Piémont-Sardaigne en 1815. De même, le dénommé Frarin d'Ambilly, désigné membre du Directoire du district de Carouge, bénéficiera des largesses du nouveau régime et fera aussi partie de ces opportunistes, en acquérant treize journaux de terrain situés à Ville-la-Grand ayant appartenu à l'abbaye d'Abondance[40]. Frarin, père et fils, exerceront une surveillance scrupuleuse de l'agglomération annemassienne. Ainsi comprend-on mieux l'attachement de cette nouvelle bourgeoisie aux idées révolutionnaires.

---

[38] Les députés Montagnards siégeaient dans la partie haute de l'Assemblée, d'où leur nom. Idéologiquement, ils se situeraient aujourd'hui à l'extrême gauche de l'échiquier politique.

[39] Gavard, *op. cit.*, p. 159.

[40] *Ibid.*

Au cours de cette période de la Convention (1792 – 1795) se développa, en France mais aussi en Savoie, une véritable guerre civile que la loi des suspects[41] et la réquisition des jeunes hommes pour l'armée vont aggraver. Des insurrections contre-révolutionnaires se produisirent dans la vallée de Thônes et dans le Haut-Faucigny, où des paysans révoltés furent fusillés sur place et leurs chalets incendiés. Jean Avrillon et Marguerite Frichelet-Avet figurèrent parmi les figures de proue de cette contre-révolution. Cette dernière sera fusillée sur le Pâquier à Annecy le 18 mai 1793. Durant cette grande Terreur, le Comité de Salut public envoya en mission en Savoie le sinistre commissaire politique Antoine Louis Albite, qui déportera et fera fusiller de nombreux prêtres réfractaires et poursuivra ses persécutions religieuses en faisant raser les clochers. Le saccage et le pillage de nombreuses églises, auxquels celle d'Annemasse n'échappera pas, se développent sur tout le territoire et la traque aux jeunes hommes refusant la conscription est menée sans modération. La violence de ces évènements conduira Joseph de Maistre à s'exiler dans le Piémont, puis à Lausanne dans le pays de Vaud, lui qui avait admis, dans un premier temps, les fondements de la Révolution et qui était acquis aux idées nouvelles, en plaidant pour que *le peuple marche à grands pas vers l'égalité civile*. Dans leur délire révolutionnaire, les sans-culottes iront même jusqu'à changer les noms de communes faisant référence à un Saint de la religion catholique. Ainsi, Saint Jeoire deviendra Ambion et Saint Gingolph, Morgelibre. C'est aussi à cette époque qu'apparurent les charmants prénoms féminins de Prune, Cerise et Pomme (la Banane n'existait pas encore).

Ce n'est que sous le Directoire (1795 – 1799) que Victor-Amédée III, qui avait fait entrer le royaume de Piémont-Sardaigne dans la

---

[41] La loi des suspects ordonnait l'arrestation de tous les ennemis, avoués ou susceptibles de l'être, de la Révolution (émigrés, prêtres non assermentés, nobles, parents d'émigrés, fonctionnaires destitués et officiers suspectés de trahison). L'exécution de cette loi et les arrestations furent confiées aux comités de surveillance.

grande coalition européenne, sera contraint de reconnaître la souveraineté française sur la Savoie, par la signature du traité de Paris (1796). Durant cette période, Genève, conquise par les troupes françaises le 23 janvier 1798, devint le chef-lieu du département du Léman, et Annemasse chef-lieu de canton. À ce moment, l'organisation administrative change. Le district disparaît au profit du canton, et Annemasse se retrouve au centre d'un vaste territoire s'étendant jusqu'aux rives du lac Léman, comprenant les villages de Corsier et de Collonge-Bellerive, aujourd'hui suisses. Jean-Baptiste Frarin est le représentant du département du Léman à l'Assemblée des Cinq-Cents[42]. Plus tard, en 1800, le département sera divisé en arrondissements. Annemasse se retrouvera dans celui de Genève et dans le canton de Chêne - Thonex[43].

Dix ans d'instabilité politique et de crise économique, illustrée par l'échec cuisant des assignats, conduiront sans surprise à la faillite de l'État et au fiasco politico-financier, jusqu'à la reprise en main par Napoléon Bonaparte, le 18 brumaire de l'an VIII (9 novembre 1799). Le Consulat puis l'Empire qui suivra verront dans un premier temps le pouvoir napoléonien s'accroître et la France se moderniser dans de nombreux secteurs, tels que ceux du Droit et de la Justice, de l'Éducation, de l'Administration, des Ponts et Chaussées et bien d'autres encore. L'héritage de cette période est toujours perceptible dans la France du XXIe siècle. Mais l'excès de confiance et le goût prononcé de Napoléon pour la guerre auront raison de son ambition. La campagne de Russie (1812 - 1813) marque le déclin de l'Empire qui s'achèvera définitivement à Waterloo (18 juin 1815) sous le coup de boutoir des forces coalisées.

Genève reprend son indépendance le 31 décembre 1813, à la suite du départ des Français et de l'arrivée des Autrichiens. Les troupes

---

[42] Gavard Guy, *op. cit.*, p. 171.
[43] *Ibid.*, p. 172.

confédérées helvétiques débarqueront au Port-Noir, en juin de la même année. À cette époque, Annemasse compte 605 habitants.

Traité de Turin et amputation du Genevois français

L'abdication de Napoléon, le 20 avril 1814 à Fontainebleau, entraine le retour de la France dans ses frontières d'avant 1792, fixées par le traité de Paris du 30 mai 1814[44]. Les coalisés (Grande-Bretagne, royaume de Prusse, empire de Russie et empire d'Autriche) ouvrent alors le Congrès de Vienne, destiné à définir les conditions de la paix et à établir les frontières garantissant un nouvel ordre pacifique. Antoine Marie Philippe Asinari de Saint-Marsan est le négociateur envoyé par le roi de Piémont-Sardaigne. Au cours du Congrès, qui se tient de septembre 1814 à juin 1815, se déroule le retour de Napoléon, et les cent jours qui suivront ne changeront rien à l'affaire, bien au contraire. Le second traité de Paris (20 novembre 1815) sera plus sévère et la France, qui avait conservé le Genevois, perdra la totalité de la Savoie.

Le sort de la région du Genevois français sera scellé lors de la conférence de Turin (17 janvier - 16 mars 1816), conformément au protocole du Congrès de Vienne et par le traité qui en découlera. Genève ayant rejoint la Confédération helvétique l'année précédente (19 mai 1815), c'est le conseiller d'État Charles Pictet de Rochemont qui représente le canton de Genève et la Confédération. Dans son projet initial, Pictet de Rochemont ambitionne de négocier le rattachement d'une partie du Chablais savoyard et du Faucigny au canton de Genève. Mais l'incorporation d'un grand nombre de citoyens catholiques et pauvres aurait inéluctablement mis en péril le pouvoir des notables et aristocrates protestants de Genève. Finalement, le canton de Genève incorporera une vingtaine de communes savoyardes, représentant 109 km^2 et 16 000 nouveaux habitants

---

[44] Claude Barbier et Pierre-François Schwarz, *Communes réunies, communes démembrées*, p. 109.

catholiques et ruraux, à comparer aux 29 000 Genevois, principalement protestants[45]. Plusieurs communes furent démembrées à cette occasion. Ainsi, Ville-la-Grand perdit plus de la moitié de son territoire correspondant à Presinge, Puplinge et Cara ; Ambilly vit sa superficie réduite de 75% (Bel Air) et Gaillard fut séparé de Chêne-Thonex. Étrembières perd aussi de la superficie et se sépare de Veyrier. Ce redécoupage du canton s'accompagna de la création d'une zone franche (dite zone Sarde), permettant aux Genevois et aux Savoyards de commercer librement et qui se développait sur une superficie de 190 km^2. De largeur variable, cette zone s'étendait *a minima* sur une lieue (environ 4 km) à partir de la frontière officielle. Au surplus, le traité de Turin prévoit une zone neutralisée ou démilitarisée développée, peu ou prou, sur les territoires du Chablais et du Faucigny.

Si les communes françaises du pays de Gex (Grand Saconnex, Meyrin, Vernier, Versoix) avaient accueilli favorablement leur rattachement au canton de Genève, tel ne fut pas le cas des communes savoyardes. Ainsi, lorsque les autorités genevoises vinrent prendre possession de Carouge, les 23 et 24 octobre 1816, le commandant de la place d'armes était absent et les magasins de la ville étaient fermés. De plus, le drapeau de la maison de Savoie flottait toujours sur le bâtiment de la mairie[46]. La nouvelle constitution de l'État de Genève prévoyait par ailleurs une représentation des nouveaux arrivants au Grand Conseil qui ne pouvait dépasser le tiers, et cela quel que soit leur nombre. Ces mesures ségrégationnistes et discriminatoires ne facilitèrent pas l'intégration des nouveaux arrivants et les firent passer pendant de longues années pour des citoyens de seconde zone. Les populations n'ayant au demeurant pas été consultées, ce traitement alimenta une rancœur et un ressentiment encore

---

[45] *Ibid.*, p. 94.
[46] *Ibid.*, p. 104.

perceptibles aujourd'hui chez certains Hauts Savoyards de souche habitant la région.

Le chef-lieu administratif de la province de Carouge est transféré à Saint-Julien qui, après un bref rattachement à Genève, devient la ville centrale de la nouvelle province du Genevois français, comprenant les mandements d'Annemasse, de Reignier et de Saint-Julien. Annemasse s'impose comme chef-lieu de mandement au détriment de Ville-la-Grand et Ambilly, sérieusement amputées.

Victor-Emmanuel Ier avait consenti à cette cession de territoire pour témoigner son amitié et donner à ses alliés, la Confédération helvétique et le canton de Genève, de nouvelles preuves de ses sentiments et de ses dispositions amicales à leur égard, auxquelles s'ajoutèrent des intérêts plus prosaïques concrétisés par l'acquisition de nouvelles terres sur le versant italien. Il ne se doutait pas qu'il serait à l'origine des problèmes actuels du Grand Genève.

Buon Governo et Risorgimento

La chute de l'Empire fut ressentie comme un soulagement, car elle marquait la fin des guerres et de la conscription, mais le retour de l'ancien régime et de la monarchie absolue de Victor-Emmanuel Ier (1802-1821) fut vécu difficilement. Le rétablissement des ordres, le retour des privilèges et la disparition des acquis sociétaux de la Révolution française conduisirent les Savoyards à surnommer ce régime autoritaire le « *Buon Governo* » (le bon ordre). La religion catholique retrouve ses prérogatives, à savoir la tenue des registres de l'état civil et le contrôle des écoles communales. À Annemasse, la priorité du curé, Jean Baptiste Dunand (1813-1859), est de restaurer l'église, en commençant par la commande de trois nouvelles cloches[47]. Les notables de la ville, tous d'anciens jacobins enrichis par l'acquisition de biens nationaux, consentent à financer l'achat,

---

[47] Guy Gavard, *op. cit.*, p. 196.

peut-être pour se protéger, car la période ne leur est plus vraiment favorable. L'église s'avère cependant trop petite, mais il faudra attendre 1869 pour inaugurer la nouvelle, l'actuelle église Saint-André.

Animé d'un ressentiment envers l'occupation française et refusant d'adopter une constitution réclamée par ses opposants politiques, Victor-Emmanuel Ier abdique en faveur de son frère sous la menace d'une insurrection révolutionnaire des *carbonari*, société secrète libérale italienne. Certains séditieux, comme deux fonctionnaires des douanes, sont installés à Annemasse, d'autres proviennent de différents milieux sociaux, comme Claude-Philippe Dusonchet, originaire de Cruseilles et étudiant en médecine à Turin, qui deviendra plus tard syndic puis Maire d'Annemasse[48].

Après une brève régence de son cousin, Charles-Félix dit « *le bien-aimé* » (1821-1831) prit la tête du royaume et poursuivit la politique conservatrice de son frère. Il sera le dernier représentant de la branche aînée de la maison de Savoie. Il reste à Bonneville une trace matérielle de son action en Savoie, constituée par la colonne érigée en son hommage, à la suite des travaux d'endiguement de l'Arve qu'il avait fait réaliser pour protéger la ville et la moyenne vallée de l'Arve des crues dévastatrices répétées. Il meurt en 1831 sans descendance.

Charles-Albert de Savoie (1831-1849), prince de Carignan, une branche cadette de la maison de Savoie, passa une partie de son enfance à Paris où ses parents, proches de l'Empereur Napoléon 1er, avaient immigré. Un temps proche des milieux libéraux – il avait soutenu l'insurrection de 1821 –, il devient un farouche partisan de l'absolutisme et s'oppose à Louis-Philippe, roi des Français, en s'alliant à l'Autriche. En 1834, il réprime sévèrement le mouvement « *Giovine Italia* » du révolutionnaire Mazzini – exilé à Genève – qui

---

[48] *Ibid.*, p. 199.

avait tenté de soulever la Savoie en y pénétrant dans le secteur d'Annemasse. Parmi les conjurés, on retrouve plusieurs notables de la région, dont Hippolyte Frarin, fils de l'ancien député à l'Assemblée des Cinq-Cents. L'initiative se solda par un échec, les Annemassiens refusant de se soulever contre leur roi qui, en guise de remerciement, les exemptera d'une année d'imposition[49]. Très attaché à la Savoie, Charles-Albert décidera plus tard de fusionner la bourgade de Conflans avec le village de l'Hôpital-sous-Conflans pour créer la cité d'Albertville située au confluent de l'Arly et de l'Isère. Plus au Nord, l'incendie dévastateur de la ville de Sallanches, le jour de Pâques 1840, montra une nouvelle fois l'attachement du roi à son duché. La complète destruction de la ville en quelques heures, associée au spectacle de désolation et de détresse des habitants, déclencha un formidable élan de solidarité des communes de la vallée de l'Arve qui se propagea dans le Piémont, en France et même dans certaines grandes capitales d'Europe, qui toutes envoyèrent des dons. Sous l'autorité du gouverneur, le comte de Sales, et sur les instructions de l'ingénieur en chef du Corps royal du génie civil de la province du Genevois, François Justin, la ville fut reconstruite suivant un plan hippodamien. Pour honorer la sollicitude du roi, la place centrale, qui existe toujours, fut baptisée place Charles-Albert.

À cette époque, les conditions de vie en Savoie sont difficiles. La province est peu exploitée et ses richesses se résument à ses productions agricoles qui, certaines années, sont anéanties par des conditions climatiques exécrables. À l'exception de quelques sites d'extraction minière situés en Maurienne et en Tarentaise, d'où l'on tire fer, cuivre, argent et plomb[50], les ressources du sous-sol de la Savoie sont peu abondantes. Les ouvriers et les ouvrières de la manufacture de coton de la région d'Annecy vivent dans des conditions d'extrême

---

[49] *Ibid.*, p. 203.
[50] Il est intéressant de noter que la grande École des Mines de Paris, créée par Louis XVI en 1783, fut transférée à Peisey-Nancroix de 1802 à 1814.

précarité, qui préoccupent Monseigneur Rendu, Évêque d'Annecy[51], qui en informe le roi, tandis que dans les zones rurales, et particulièrement en montagne, les carences alimentaires entraînent des malformations comme le goitre et le crétinisme. Plus tard, la tuberculose sera aussi une maladie qui décimera des familles entières. Seul le pourtour genevois s'en sort, grâce notamment aux grands travaux initiés par James Fazy pour la transformation urbaine de la ville de Genève qui emploiera des centaines d'ouvriers savoyards. Les effets de la Révolution industrielle pénètrent progressivement le duché, et en 1848 s'ouvre à Cluses l'école royale d'horlogerie, qui sera l'une des prémices de la future industrie du décolletage.

Sur le plan politique, Charles-Albert modernise le fonctionnement administratif de son royaume, réforme la justice pénale en s'inspirant du code Napoléon, puis prend une orientation d'inspiration libérale qui le conduira à promulguer une nouvelle constitution connue sous le nom de statut albertin (1848). Sa fin de règne est marquée par la guerre avec les Autrichiens, dite 1re guerre d'indépendance, qui le conduit à abdiquer au bénéfice de son fils, à la suite de la défaite de Novara (1849) qui vit la Brigade de Savoie subir d'importantes pertes, après avoir combattu héroïquement[52].

Victor-Emmanuel II de Savoie, surnommé le *« Roi gentilhomme »* (1849-1861), signe les accords de paix avec l'Autriche et, en dépit des pressions de celle-ci, maintient le statut Albertin qui régit la monarchie constitutionnelle avec un parlement bicaméral. Il s'entoure de Massimo d'Azeglio et de Camillo Benso, comte de Cavour – libéral bourgeois d'origine savoisienne par sa grand-mère paternelle – qui entreprennent de moderniser le royaume avec la politique du *« Risorgimento »* (renaissance). Les premières lois concernent la suppression des privilèges ecclésiastiques (lois Siccardi -

---

[51] Esther Deloche, *Le diocèse d'Annecy de la Séparation à Vatican II (1905-1962)*, Thèse de doctorat, p. 45.
[52] Guy Gavard, *op. cit.*, p. 205.

1850) ainsi que la liquidation des ordres monastiques et le séquestre des biens des couvents (loi Rattazzi – 1855)[53]. Ces mesures, associées aux fortes augmentations d'impôts – en partie dues au financement de la guerre de Crimée –, provoquent le mécontentement des populations de Savoie, si bien qu'aux élections de 1857, sur les 22 députés savoyards élus au Parlement sarde, une écrasante majorité (15) sont des conservateurs catholiques. De 1849 à 1860, le mandement d'Annemasse est représenté par le député conservateur Pierre-Joseph Mongellaz, médecin de son état et Syndic de Reignier. A contrario, sur la même période, le mandement de Sallanches envoie le libéral exalté Joseph-Agricola Chenal, qui sera plus tard un farouche défenseur du rattachement du duché de Savoie à la Confédération helvétique. Saint-Julien et Bonneville seront représentés par les catholiques conservateurs Hippolyte Pissard (avocat) et Joseph Pelloux (médecin).

Cavour avait souhaité que le royaume de Piémont-Sardaigne participe à la guerre de Crimée pour favoriser un rapprochement avec la France et porter la question de l'unité italienne sur le devant de la scène internationale. Il rencontrera secrètement Napoléon III à Plombières[54], le 21 juillet 1858, où sera validé le principe d'une aide militaire de la France en contrepartie de la cession de la Savoie et du comté de Nice, avec la condition que le Pape reste maître à Rome. Napoléon III était en effet le protecteur des États pontificaux, ce qui lui valait la sympathie des conservateurs catholiques de Savoie.

Pendant ce temps, les révolutionnaires *mazziniens* poursuivent leur projet d'instauration d'une République italienne. Ils s'allient temporairement à Victor Emmanuel II et à son ministre libéral bourgeois Cavour. L'impétueux Garibaldi, qui avait participé à la

---

[53] André Palluel-Guillard, Christian Sorrel, Guidi Ratti et alii, *La Savoie de la Révolution à nos jours, XIe -XXe*.

[54] Napoléon III souffrait de rhumatismes, ce qui l'amenait à faire de fréquentes cures dans la station thermale de Plombières, dans les Vosges.

première guerre d'indépendance contre les Autrichiens, va reprendre du service.

Sur le plan économique, le chemin de fer est en plein essor, en Europe mais aussi en Amérique du Nord. Victor Emmanuel II entreprend de relier la Savoie à la partie piémontaise de son royaume. Il confie le projet du percement du tunnel du Mont Cenis, qui relie la vallée de la Maurienne au val de Suse, à l'ingénieur Germain Sommeiller, natif de Saint-Jeoire-en-Faucigny. Au cours du projet, ce dernier invente, avec l'aide de l'ingénieur et physicien genevois Daniel Colladon, la perforatrice à air comprimé. Cette innovation, associée à la découverte quasi concomitante de la dynamite par Alfred Nobel, accélérera de manière spectaculaire la réalisation de l'ouvrage. Les trente-cinq années, prévues initialement pour la réalisation de l'ouvrage, passeront à treize et le tunnel sera inauguré début 1871, après que quarante-huit malheureux ouvriers auront perdu la vie au cours des travaux.

Annexion au Second Empire

Victor Emmanuel II et Cavour provoquent les Autrichiens en s'appuyant sur un corps de volontaires, les « *Cacciatori delle Alpi* » (Chasseurs des Alpes), conduit par Giuseppe Garibaldi. Les Autrichiens finissent par lui déclarer la guerre le 26 avril 1859. Immédiatement, Napoléon III vole au secours du royaume sarde et les troupes françaises, composées de cinq corps d'armée, pénètrent en Piémont. S'ensuivent les batailles victorieuses de Magenta (4 juin) et de Solferino (24 juin)[55] où 40 000 soldats périront. Mais Napoléon III, devant la menace du roi de Prusse qui a massé ses troupes à la frontière du Rhin, signe une paix séparée avec l'empereur

---

[55] Après la bataille de Solferino, Henri Dunant, homme d'affaires genevois de passage dans la région, se rendit sur le charnier du champ de bataille. À la vue du désastre, il imaginera de créer un organisme de secours aux victimes qui deviendra, quelques années plus tard, la Croix-Rouge internationale.

d'Autriche, le 12 juillet à Villafranca. Néanmoins, le royaume de Piémont-Sardaigne récupère la Lombardie. Bien que les conditions des accords de Plombières ne soient pas complètement remplies (la Vénétie demeure toujours autrichienne), Victor Emmanuel II, sous la menace des révolutionnaires *mazziniens*, cède la Savoie et Nice par le traité de Turin du 24 mars, avec la réserve d'une consultation des populations concernées, exigence formulée par l'Angleterre et la Confédération helvétique. Si, dans les mois qui précédèrent la signature du traité de cession, l'opinion des conservateurs catholiques et de certains libéraux semblait, pour des raisons différentes, acquise au rattachement à la France, il s'était développé dans le nord du duché (Chablais, Faucigny et certaines communes du Genevois) une demande de réunion à la Suisse qui s'était exprimée par une pétition ayant rallié plus de 13 600 signatures. À Annemasse, seules 64 adhésions au projet sont recueillies pour une population de 1045 habitants. Selon l'historien Paul Guichonnet, cette faible participation peut s'expliquer par la crainte « *de perdre les avantages de la frontière et d'être réduite* [Annemasse] *à un faubourg de Genève* »[56]. Pour contrer cette initiative, il fut proposé d'accorder à ces populations, qui vivaient en symbiose économique avec Genève depuis toujours, une vaste zone franche couvrant le territoire des provinces concernées et permettant d'échanger librement avec Genève et son canton. Le canton de Genève se trouvant enserré dans le territoire français, une zone neutralisée et démilitarisée fut aussi prévue. Le jour du plébiscite (les 22 et 23 avril 1860), les habitants de la Savoie ont à répondre à la question « *La Savoie veut-elle être réunie à la France ?* ». Dans la Savoie du nord, le choix est entre « OUI et ZONE » ou « NON ». Le résultat est sans appel : 99,7 % pour le OUI. À Annemasse, la totalité des votants s'exprime en faveur du rattachement. Les conditions assurant la régularité du scrutin étaient loin des exigences actuelles. Dans les bureaux, qui étaient tenus exclusivement par les partisans du OUI, il n'y avait pas de bulletins

---

[56] Paul Guichonnet, *Histoire de l'Annexion de la Savoie à la France*, p. 168.

pour exprimer un NON, ce qui était la règle dans les cinq référendums (que l'on appelait plébiscite à l'époque) organisés par le Second Empire. Toujours est-il que, même dans des conditions idéales, l'impopularité du Régime sarde aurait conduit à un résultat identique, avec cependant un score très certainement moins indécent. Les conservateurs catholiques étaient en effet lassés des persécutions religieuses et épuisés par les guerres incessantes. De plus, ce plébiscite n'était qu'une formalité, car le traité ayant été signé auparavant, l'affaire était déjà conclue.

Certaines personnalités, souvent libérales et anticléricales comme l'ingénieur Germain Sommeiller, firent le choix de rester sardes. Le plus grand nombre des officiers de l'armée exprimèrent la même préférence, par fidélité au roi de Piémont-Sardaigne et aussi pour des raisons liées aux perspectives de carrière. Ce 23 avril 1860, le destin de la Savoie fut scellé pour le meilleur et pour le pire.

Adaptation à l'Empire français

L'entrée de la Savoie dans l'Empire français fut célébrée par plusieurs jours de fêtes populaires et par le voyage triomphal du couple impérial, qui se déroula du 27 août au 5 septembre 1860. À cette occasion, l'Empereur et l'Impératrice visitèrent les principales villes de la province, allant même jusqu'à la Mer de Glace à Chamonix. Les syndics, devenus maires, sont conviés à venir présenter l'hommage de leurs communes au couple impérial sur le parcours de leur tournée. Les représentants de l'agglomération annemassienne, dont Claude-Philippe Dusonchet, premier maire d'Annemasse, le feront le 1er septembre à Saint-Cergues. Le point d'orgue de ce périple fut un spectacle de feux d'artifice donné sur le lac d'Annecy et qui, depuis, se déroule chaque année lors des fameuses fêtes du lac.

Le territoire de la Savoie fut divisé en deux départements, la Savoie et la Haute-Savoie, eux-mêmes divisés en arrondissements et en cantons. Annecy devient la préfecture de la Haute-Savoie, et

Bonneville, Thonon et Saint-Julien (1227 habitants), des sous-préfectures. Les deux premiers députés de la Haute-Savoie envoyés à Paris sont Hippolyte Pissard et Anatole Bartholoni, tous deux de la majorité dynastique, c'est-à-dire conservateurs favorables à Napoléon III. Le syndic d'Annemasse devenu Maire est le médecin Claude-Philippe Dusonchet, la ville compte désormais un peu plus de mille habitants.

L'administration se met en place rapidement (justice, police, chambre de commerce) mais, une fois la lune de miel passée, les Savoyards, qui pensaient pouvoir jouir d'un peu plus d'autonomie dans la gestion de leurs affaires, déchantent face au centralisme jacobin et rigide de l'État français[57]. Leur tempérament et leur façon de voir les choses les rendaient certainement plus proches d'un Valaisan ou même d'un Vaudois que d'un Parisien ou d'un Lyonnais. De plus, le Savoyard est perçu par les Parisiens comme un être rustre et peu évolué, d'où la transformation de son nom de Savoisien en Savoyard, terminaison péjorative. Sur le plan économique, le rattachement à la France ne provoque pas l'amélioration des conditions de vie espérée. À l'exception de quelques avantages, comme les emplois réservés à l'Hôtel des ventes à Paris concédés aux habitants du Haut-Faucigny, une part importante de la population continue d'émigrer. Seule la région située à proximité de Genève tire son épingle du jeu. La Savoie est un territoire enclavé dans un coin de France qui subit désormais la concurrence des autres régions françaises. Un espoir de jour meilleur naît cependant à cette époque avec le début de l'alpinisme à Chamonix, qui deviendra quelques décennies plus tard une activité touristique faisant de la ville la capitale mondiale de la discipline. Sur le plan politique, les conservateurs catholiques qui avaient soutenu l'Annexion et l'Empereur se détournent progressivement de Napoléon III. Les libéraux, anciens

---

[57] Ce sentiment est toujours présent. Le Mouvement Région Savoie, créé en 1972 lors du découpage des régions en atteste, même s'il demeure marginal.

admirateurs de Cavour et du *Risorgimento,* se trouvent de nouvelles idoles avec les républicains français.

Survient alors la guerre franco-prussienne de 1870, causée par une stupide histoire de succession au trône d'Espagne. Napoléon III déclare la guerre au royaume de Prusse le 19 juillet, mais l'armée française, qui n'a plus combattu depuis une dizaine d'années, se trouve rapidement débordée et finalement encerclée le 2 septembre à Sedan, où l'Empereur capitule. La chute du régime entraîne la proclamation de la République et l'établissement d'un gouvernement provisoire, dit de Défense Nationale, à la tête duquel est nommé le général Trochu avec Léon Gambetta, républicain intransigeant, comme ministre de l'Intérieur et de la Guerre. Mais les défaites s'accumulent et Paris est assiégée, ce qui conduit le gouvernement représenté par Jules Favre (ministre des Affaires étrangères) à signer une convention d'armistice le 26 janvier 1871. Le 8 février, l'élection d'une nouvelle assemblée donne une large majorité de députés royalistes, et Adolphe Thiers (royaliste orléaniste) prend la tête du gouvernement réuni à Bordeaux. À cette élection, les Hauts Savoyards choisirent cinq députés républicains modérés, car ils n'avaient aucun lien charnel avec la royauté française et que, somme toute, ils ne gardaient probablement pas un si mauvais souvenir de Napoléon III. Le traité préliminaire de paix fut signé le 26 février à Versailles, dans la galerie des Glaces, et le traité final de Francfort (10 mai) impose à la France la cession de l'Alsace-Moselle et le versement d'importantes indemnités de guerre. Au cours de cette période se développent à Paris et, à un moindre degré, dans certaines villes de province, des insurrections menées par des dirigeants d'extrême gauche qui, à Paris, seront réprimées le 28 mai 1871.

Cette guerre était la première à laquelle les Savoyards participaient depuis leur rattachement à la France. À l'époque, la loi prévoyait un service militaire de cinq ans pour une minorité de jeunes hommes tirés au sort. Les conscrits du nord du département prirent le train à la gare de Cornavin (Genève) pour rejoindre leurs unités.

Beaucoup, comme le 1ᵉʳ bataillon des mobiles de la Savoie commandé par Charles-Albert Costa de Beauregard, furent incorporés dans l'armée de l'Est du Général Bourbaki (80 000 hommes). Dans la débâcle celle-ci, passa en Suisse à Verrières, dans le canton de Neuchâtel, le 28 janvier 1871. Après avoir été désarmés par les soldats de la Confédération helvétique, les troupes françaises trouvèrent refuge et réconfort auprès de la toute jeune Croix-Rouge. Longtemps après, dans les campagnes de Haute-Savoie, dire à un homme qu'il était un « *Bourbaki* » constituait une forme d'offense. D'autres unités savoyardes, conduites par Garibaldi fils, s'accrocheront avec les Prussiens dans le secteur de Dijon.

Il reste peu de choses dans le patrimoine savoyard pour témoigner de ces évènements et de la mémoire de ces soldats. En Haute-Savoie, quatre monuments érigés à Annecy, Thonon, Bonneville et Taninges sont toujours visibles.

Naissance aux forceps de la troisième République

Adolphe Thiers continua d'assurer la présidence de la République jusqu'en 1873, date à laquelle le Maréchal de Mac-Mahon (royaliste légitimiste) le remplace. Cette période est marquée par les désaccords entre les royalistes légitimistes, partisans de la maison des Bourbons (descendants de Louis XVIII et Charles X) et les orléanistes plus modérés, sympathisants de Louis-Philippe. Mais à la suite du refus du comte de Chambord d'adopter le drapeau tricolore, le projet de Troisième Restauration échoue. Le président Mac Mahon et le président du conseil, le duc de Broglie, prennent des mesures d'ordre moral qui, localement, à Annemasse, auront pour effet la révocation en 1874 du Maire Marc Courriard (loi du 20 janvier 1874). Remplacé par le conservateur Jean-François Desjacques, nommé par décret présidentiel, Courriard retrouvera son poste en 1876. Les lois de 1875 établissent une nouvelle constitution et les élections de 1877 envoient pour la première fois une majorité de Républicains dits « *opportunistes* » ou « *modérés* », constituée principalement de notables libéraux qui s'opposent aux Bonapartistes et aux Monarchistes, sur leur droite, et aux Républicains radicaux de Gambetta, sur leur gauche. Pendant toute cette période (de 1871 à 1877), Annemasse, qui est dans la circonscription de Saint-Julien, est représentée par le député Clément Silva, républicain modéré (ou gauche républicaine), avocat de formation et futur diplomate. Mis en minorité aux élections sénatoriales de 1879, Mac-Mahon finit par démissionner. Il sera remplacé par Jules Grévy.

Les retombées de la Révolution industrielle arrivent progressivement en Haute-Savoie. Le chemin de fer se développe avec les travaux de la ligne Bellegarde - Évian (plus précisément Collonges - Thonon) qui est mise en service en 1880. Initialement concédée à la Compagnie du chemin de fer des lignes d'Italie par le royaume de Piémont-Sardaigne, la ligne est réattribuée à la Compagnie des chemins de fer de Paris à Lyon et à la Méditerranée par décret en 1863, après l'annexion de la Savoie. Le principal ouvrage d'art réalisé sur le tracé est le viaduc de Longeray[58], qui permet le franchissement du Rhône à la sortie du tunnel sous le Crêt d'eau[59]. À cet endroit, la nouvelle ligne se sépare de celle qui mène à Genève. Celle-ci avait été mise en service en 1857 et avait été financée par le banquier franco-genevois François Bartholoni, père du député du Second Empire (cité plus haut) et grand-père du futur député de la Troisième République.

Le désenclavement du Nord de la Haute-Savoie par le chemin de fer participe à l'essor économique de la région et en particulier des

---

[58] Le viaduc de Longeray, de 290 mètres de longueur, qui était initialement une structure métallique, fut dynamité par les troupes françaises le 19 juin 1940. Il sera reconstruit sous forme d'une magnifique voûte en béton non-armé et mis en service à l'été 1943.

[59] Le tunnel sous le Crêt d'eau, de 4 010 mètres de longueur, permet le franchissement du massif éponyme. Il sera réalisé par des entrepreneurs d'origine belge et anglaise avec le concours de l'ingénieur genevois Louis Favre (celui qui avait œuvré au tunnel du Gothard) et mis en service en 1857.

localités situées sur son tracé, à savoir : Saint-Julien, Annemasse, Thonon et Évian. À Annemasse, après discussion sur l'emplacement de la gare et échange de terrains avec Ville-la-Grand, la municipalité de Marc Courriard construit le bâtiment de la gare et les rues qui la relient au centre de la bourgade[60]. La gare d'Annemasse sera inaugurée en 1880 et le gros village va se transformer en un petit bourg, qui se retrouve rapidement à la rencontre de plusieurs voies ferroviaires, venant de La Roche (vallée de l'Arve) et Saint-Julien, complété par deux tramways qui la relie à Genève pour l'un, et dessert la vallée du Giffre jusqu'à Samoëns pour l'autre. L'activité industrielle va se développer et la population augmenter pour atteindre 2488 habitants en 1896[61]. Le nombre de travailleurs (en particulier de cheminots) augmente, conduisant à la création d'un Cercle ouvrier, prémices des futurs syndicats. La « *Gauche annemassienne* », constituée de notables et de professions libérales, va dans un premier temps y trouver un réservoir de voix.

En parallèle, le développement de la « *Houille Blanche* »[62] et la construction de petites centrales hydroélectriques favorisent l'électrification des villes, et c'est ainsi que la Roche-sur-Foron deviendra la première ville de France à bénéficier d'un éclairage public, en 1885. Le tourisme et le thermalisme se développent, grâce notamment à la clientèle anglaise et étrangère.

La période de cette fin du XIXe siècle est marquée par un recul de la démographie et une régression de l'influence du clergé. Sur le plan politique, la gauche républicaine modérée s'installe dans la durée, comme en témoigne le long mandat de César Duval [63], pharmacien de son état, qui occupera la fonction de député de la circonscription

---

[60] Collectif, *La Gare d'Annemasse : Passé, Présent et Avenir*.
[61] Guy Gavard, *op. cit.*
[62] La Houille Blanche est le nom donné à l'énergie hydroélectrique.
[63] César Duval était le petit-fils de François Gentil, député montagnard de la Convention et avocat à Carouge, mentionné plus haut.

de Saint-Julien, puis de sénateur de 1883 à 1909, sans interruption. Saint-Julien, sous-préfecture, qui était la principale ville du Genevois français au moment de l'Annexion, et cela en raison de la cession de Carouge au canton de Genève, va perdre de son influence au profit d'Annemasse, mieux située d'un point de vue géographique. À Annemasse, le maire Alexandre Perréard (1883-1900), notaire de profession, poursuit le développement en créant notamment l'École Supérieure.

En cette fin du XIXe siècle, la vie s'écoule avec une nette amélioration des conditions de vie et une prospérité en hausse, dues principalement aux progrès techniques qui contribuent à améliorer les conditions d'hygiène et la santé des personnes. Les différentes affaires politico-financières qui secouent le pays (crise Boulangiste 1887-1889, scandale de Panama 1889-1893), tout en semblant laisser les paysans savoyards circonspects, altèrent sensiblement leur confiance dans le régime. L'assassinat du président Sadi Carnot (1894) par un anarchiste et l'instabilité qui en résulte finissent de saper le crédit de cette classe politique perçue par beaucoup comme affairiste et mercantile. L'affaire Dreyfus[64] qui survient dans ce contexte finit de cliver le corps social.

Les députés savoyards de gauche radicale socialiste avaient pris soin de ne pas exacerber la question des libertés religieuses qui, au demeurant, étaient protégées par le traité de 1860. Mais à partir de 1900, avec les lois sur les associations (1901) et les lois de séparation des Églises et de l'État (1905), les masques tombent. Au-delà de la nécessité de clarifier une situation équivoque, ces lois traduisent la volonté de mettre l'Église au pas. Un peu plus de cent ans après, les fanatiques de la Convention sont de retour avec à leur tête le « *petit*

---

[64] À la suite de l'affaire Dreyfus, se crée la Ligue des Droits de l'Homme. Partant d'un bon sentiment, cette association fut amenée quelques décennies plus tard à se pencher sur la réalité des procès de Moscou. Après une investigation fouillée, elle conclut qu'il n'y avait rien à redire. Cet épisode entacha durablement la réputation et la crédibilité de la Ligue.

père Combes »[65] qui n'aura de cesse de persécuter l'Église et ses fidèles. Son acharnement cessera lorsque son gouvernement sera renversé à la suite de l'affaire des fiches[66]. Les Catholiques vont se retrouver pris entre l'injonction des Républicains de se constituer en associations cultuelles et l'interdiction qui leur en est faite par le Pape.

La dissolution et l'expulsion des congrégations religieuses est vécue par les fidèles comme une humiliation. Ester Deloche[67] relate qu'en avril 1903, à La Roche-sur-Foron, l'expulsion des Capucins provoque des troubles nécessitant l'envoi de douze brigades de gendarmerie, de deux compagnies[68] du 30ᵉ Régiment d'Infanterie d'Annecy et d'un escadron du 4ᵉ Régiment de Dragons de Chambéry pour calmer les fidèles en colère. L'inventaire des biens de l'Église, qui commence au début de 1906, provoque aussi d'importantes émeutes dans de nombreux endroits, comme dans la vallée de Thônes (Manigod), le Haut-Chablais (Abondance et Bellevaux) ou le plateau des Bornes. Le timbre lugubre du Tocsin précède l'arrivée des agents qui sont accueillis aux cris de « *À bas les voleurs ! À bas les casseroles !* ». Dans certains villages, le percepteur est protégé, comme au Mont-Saxonnex où quatre brigades de gendarmerie l'accompagnent. À Cercier – village dont on reparlera – le prêtre a perdu la clé de l'Église et l'inventaire doit être ajourné. À l'arrivée de Clémenceau au ministère de l'Intérieur en mars 1906, et devant la violente opposition des habitants et la proximité des élections législatives, les inventaires sont reportés. Ils reprendront à l'automne dans une

---

[65] Émile Combes, dit le « *petit père Combes* », était un député radical-socialiste du Tarn tendance « *radical-cassoulet* ». Séminariste défroqué, il développera un anticléricalisme obsessionnel.

[66] L'affaire des fiches consistait en un dossier établi secrètement à l'initiative de l'administration préfectorale et des loges maçonniques du Grand Orient de France, visant à empêcher ou à restreindre l'avancement des officiers de confession catholique.

[67] Esther Deloche, *op. cit.*, p. 67.

[68] Une compagnie est composée de 100 à 250 soldats.

atmosphère moins passionnelle. Durant cette période chaotique, Annemasse est administrée par Alfred Bastin, un radical-socialiste franc-maçon[69]. Dans sa séance du 12 janvier 1903[70], le conseil municipal de la ville examine la demande d'autorisation d'enseigner déposée par les Sœurs de Saint Joseph, possédant l'école primaire de la Chamarette. Cette demande, combattue entre autres par le Maire et le député Fernand David[71], sera rejetée par 9 voix contre 7, et l'école ne pourra réouvrir qu'en 1927. Dans la foulée, la municipalité prend un arrêté pour interdire les processions religieuses sur la voie publique. Entrepreneur de Travaux Publics prospère, Alfred Bastin mourra assassiné par un déséquilibré dans le train qui le conduisait dans le sud de la France, où il devait visiter l'un de ses chantiers[72]. Son adjoint Joseph Cursat lui succédera. Au cours de cette période, le jeune vicaire Eugène Marquet, qui deviendra curé en 1905, saura faire preuve de diplomatie pour s'adapter à la loi de séparation des Églises et de l'État. C'est aussi à cette époque (1904) que le révolutionnaire socialiste Benito Mussolini fit un séjour de quelques mois à Annemasse[73].

Dans ce contexte, l'interdiction d'enseigner (1904) fut vécue par les catholiques comme une ultime provocation. Jules Ferry avait

---

[69] Pour compléter le tableau, Alfred Bastin était adepte de la Libre Pensée. Ce mouvement fut créé à la suite de la loi de Séparation des Églises et de l'État. À Annemasse, ils organisent chaque année, le vendredi précédant le dimanche de Pâques, un « *repas gras du vendredi dit saint* », montrant en cela que contrairement à ce qu'ils laissent entendre, ils ne sont pas insensibles au fait religieux.

[70] Jules Laurent, *Histoire d'Annemasse,* Monographies des villes de France, pp. 116-117.

[71] Fernand David était un homme politique du Parti radical natif d'Annemasse. Avocat et franc-maçon, il devient Député, Sénateur et plusieurs fois ministre. Comme son collègue Bastin, il appartient au courant des anticléricaux « *bouffeurs de curés* ».

[72] Dominique Ernst, *Les histoires extraordinaires du Genevois*, Tome 6, pp. 63 – 66.

[73] Jules Laurent, *op. cit.,* pp. 134-135.

institué l'école laïque, gratuite et obligatoire (1880), pensant inventer un modèle, mais en réalité, il y avait bien longtemps que la congrégation des Frères des Écoles chrétiennes[74] (les Lassalliens) se consacrait à l'enseignement et à la formation des jeunes enfants, en particulier des plus défavorisés. Au moment de l'Annexion, en Haute-Savoie, de nombreux villages (de l'ordre de 250) avaient leur École dite « *Libre* », par opposition à l'école de la République qui à leurs yeux eux ne l'était pas.

Cette période qui sépare le retour à la République de la déclaration de la Première Guerre mondiale ressemble en tout point à une guerre de religion à bas bruit. Les radicaux mènent une guérilla politico-religieuse incessante contre les catholiques et pratiquent ouvertement une politique de discrimination à leur égard[75]. Aujourd'hui encore, lorsque le conseil municipal d'Annemasse vote la subvention aux Écoles dites privées, les descendants de cette mouvance laïcarde trouvent à redire, bien que cela soit une obligation légale.

La pratique religieuse était inégale sur le territoire de la Haute-Savoie, comme le montrent les cartes publiées par Ester Deloche[76]. Le critère d'altitude se confirme ; les villages du Haut-Chablais et du Haut-Faucigny sont ceux où la pratique pascale est la meilleure en 1901 et où le taux de baptêmes dans les trois jours est le plus élevé du diocèse. L'existence d'une « *diagonale rouge* » du Faucigny, correspondant peu ou prou à la vallée de l'Arve, comprenant les cités d'Annemasse, de Bonneville, de Cluses et même de Sallanches, est mise en évidence. Cette zone correspond aussi au fond de vallée et aux secteurs de basse altitude. Filant la métaphore, la région très

---

[74] La congrégation des Frères des Écoles chrétiennes a été fondée à Reims en 1680 par saint Jean-Baptiste de La Salle.
[75] Guillaume Perrault, *Quand des catholiques étaient persécutés par la IIIe République*, Le Figaro du 16 septembre 2023.
[76] Esther Deloche, *op. cit.*

catholique de Bellevaux est appelée la « *petite Bretagne savoyarde* », tandis que celle de Thônes est surnommée « *la Vendée savoyarde* », en rapport avec les évènements survenus en 1793. Pour des raisons qui tiennent à sa géographie et à sa proximité de Genève, la ville d'Annemasse est celle où la pratique religieuse est la plus faible.

Premier conflit mondial

Le 1er août 1914, le Tocsin sonne dans tous les villages de France. L'ordre de mobilisation générale est donné. S'ensuivent des journées de fébriles préparatifs ; la guerre sera courte, on en est convaincu. Nous serons de retour à la maison pour Noël !

Le jour de son départ, Alexis Gavard-Pivet[77],[78], charron à Viuz-en-Sallaz, note dans ses carnets les poignants adieux faits à sa femme : « *Enfin, c'est le moment fatal, il faut partir, ma plume est impuissante à raconter la poignante douleur de ces deux êtres qui s'aiment tant et qui, il y a une année à peine, unissaient à jamais leurs destinées. On s'étreint, on ne peut se séparer, nos larmes se confondent. On est brisés, c'est un baiser sans fin qu'on voudrait continuer, mais qu'il faut interrompre, car l'horloge est impitoyable. Je descends pour la dernière fois les escaliers de ma demeure qui semble me retenir, car j'y ai goûté le bonheur le plus complet* ».

Mais rapidement, l'annonce des premiers morts arrive et la réalité s'impose : la guerre sera longue et couteuse en vies humaines. Au cours des premiers mois, un regain de ferveur religieuse se manifeste. Les Églises se remplissent et la solidarité s'organise autour des œuvres venant en aide aux soldats et surtout aux blessés. La gare

---

[77] Alexis Gavard-Pivet, *Carnets de guerre, 1914-1915*.
[78] Alexis Gavard-Pivet sera blessé à la tête le 25 septembre 1915 au Trou Bricot. Il décédera le lendemain dans l'hôpital de campagne de Somme-Suippe dans la Marne.

d'Annemasse verra un afflux considérable de réfugiés ayant transité par la Suisse, en provenance des régions sinistrées de l'Est de la France.

L'Union Sacrée est déclarée par le président Poincaré et c'est au bien modeste Viviani (socialiste indépendant) que revient la charge de diriger le gouvernement. Au cours des quatre années de guerre qui suivront, pas moins de sept gouvernements se succèderont. Le catholique Denys Cochin entrera au gouvernement, ce qui n'était pas arrivé depuis 1877. À Annemasse, le docteur Favre administre la ville pendant toute la durée de la guerre.

Sur le plan militaire, le général Joseph Joffre est nommé commandant en chef des armées le 2 août, tandis que le général Gallieni occupe le poste de ministre de la Guerre. Joffre, dont l'Histoire retiendra la victoire de la Marne et les célèbres taxis éponymes, est progressivement écarté (fin 1916) au bénéfice du général Nivelle, qui sera lui-même remplacé par le général Philippe Pétain à la suite de l'échec d'avril 1917, au chemin des Dames. Auparavant, le général Pétain avait participé à la bataille de Verdun, où il demeura en poste du 25 février au 19 avril 1916.

Soucieux d'épargner les vies humaines et conscient de la nécessité de préserver ses hommes, il organise la relève de ses troupes ainsi que le ravitaillement et l'évacuation des blessés, grâce à des norias d'ambulances et de camions empruntant la *Voie Sacrée*[79]. Fin stratège, il comprend l'intérêt de l'aviation et s'oppose à la tactique de l'attaque à outrance, prônée par les généraux Nivelle et Foch. Personnage charismatique, il suscitera l'admiration et saura gagner l'estime et la reconnaissance de ses troupes qui, à l'inverse des hommes politiques au premier rang desquels figure Clémenceau, lui attribueront la victoire de la guerre. En octobre 1918, Pétain prépare une offensive dans le but de conduire les forces franco-américaines

---

[79] La voie sacrée reliait Bar-le-Duc à Verdun.

à Berlin. Conjuguée aux forces de l'armée du général Franchet d'Espèrey, qui venait de franchir le Danube après avoir défait les Germano-Bulgares, cette initiative avait bien des chances d'aboutir. À tout le moins, la rive gauche du Rhin aurait pu être occupée avec le concours de l'armée du général Castelnau, qui se trouvait aussi en position de force. Mais Clémenceau et Foch (chef des forces interalliées) préféreront signer l'armistice du 11 novembre, probablement sous la pression des Britanniques soucieux de ne pas offrir aux Français une victoire trop éclatante. De cet état de fait naîtra dans l'opinion allemande la théorie du « *coup de poignard dans le dos* », car, n'ayant vu aucun soldat français sur leur sol, les Allemands attribueront leur défaite à la lâcheté de leurs dirigeants politiques. Quelques années plus tard, un certain Hitler saura tirer parti de ce profond ressentiment.

À la mobilisation, beaucoup de Haut-Savoyards seront incorporés dans le 30e régiment d'Infanterie, ou dans les bataillons de chasseurs alpins. Ils se trouveront dès le début de la guerre sur le front de la ligne bleue des Vosges et participeront aux batailles du Linge et du Vieil Armand (Hartmannswillerkopf), où leur pugnacité et leur témérité leur feront gagner le surnom de « *diables bleus* ». Plus de 10 000 d'entre eux trouveront la mort, faisant de la Haute-Savoie l'un des départements ayant subi les plus lourdes pertes humaines[80]. Annemasse, qui comptait à cette époque 3 300 habitants environ, perdra 91 des siens[81].

Traité de Versailles et abrogation de la Grande Zone

La guerre terminée, s'ouvre le temps des négociations. Le travail débute à Versailles en janvier 1919, avec dans le camp des

---

[80] Laurent Beau, *Du local au national : une nouvelle approche des pertes de 1914-1918 par département*, p. 73.
[81] Guy Gavard, *op. cit.*, p. 276.

vainqueurs l'Empire britannique, les États-Unis d'Amérique[82], l'Italie, le Japon et la France. Les vaincus ne participent pas aux discussions, ce qui constitue une première dans l'Histoire de la diplomatie internationale. Les sanctions prévues à l'égard de l'Allemagne sont très lourdes : cessions de territoires, importantes pénalités économiques et financières, démantèlement de l'empire colonial, occupation de territoire sont parmi les mesures les plus emblématiques imposées à l'Allemagne. Ces dispositions, qui pour certaines ne seront pas respectées, nourriront le ressentiment du peuple allemand qui, s'étant senti humilié, n'aura de cesse de prendre sa revanche. Le traité sera finalement ratifié le 28 juin 1919, jour anniversaire de l'assassinat de l'archiduc d'Autriche à Sarajevo, dans la galerie des glaces du château de Versailles, où Bismarck avait proclamé la naissance de l'Empire allemand en janvier 1871.

Parmi les mesures collatérales du traité, il y en a une qui concerne directement les habitants de la Haute-Savoie et particulièrement ceux du bassin genevois. En effet, la Grande Zone franche accordée lors du plébiscite de 1860 est unilatéralement abrogée par l'article 435, alinéa 2 du traité. Outre le fait que le non-respect de la parole donnée constitue en soi une faute morale, il semble bien qu'il s'agisse là d'une violation du Droit international qui sera, au demeurant, partiellement rétablie par la Cour Permanente de Justice Internationale de La Haye en 1932[83]. En tout cas, les circuits commerciaux du nord de la Haute-Savoie sont contraints de se réorganiser et la nouvelle réglementation douanière complique singulièrement les échanges et les transactions transfrontaliers.

Le malheur des uns faisant le bonheur des autres, l'une des conséquences directes et visibles, sera de transformer Annemasse en

---

[82] Au cours de la conférence, le Président américain Woodrow Wilson, du Parti démocrate, passera 6 mois en France et portera le projet d'une Société des Nations qui deviendra plus tard l'Organisation des Nations Unis.

[83] Jean L'Huillier, *L'affaire des zones franches devant la cour permanente de justice internationale, Les Études rhodaniennes*, pp. 145-170.

véritable ville frontière. Dès l'après-guerre, plusieurs industriels suisses viennent s'installer à Annemasse, favorisés, il est vrai, par l'effondrement du franc français. C'est le temps du phénomène frontalier à front renversé ; des Suisses viennent travailler en France. Ce sera particulièrement vrai dans le secteur des fruitières, où le savoir-faire helvétique s'implantera, comme en témoignaient les fromageries Fuess[84] longtemps installées à Annemasse. Ce fait s'explique aussi par la pénurie de main-d'œuvre française consécutive à la disparition de 10% des hommes en âge de travailler. Le nouveau maire élu en 1919, le Dr Coquand, est un ancien médecin militaire. Conscient du potentiel de sa ville, il va établir un plan d'urbanisme destiné à favoriser son développement économique. L'horlogerie et différentes industries s'implantent à Annemasse, qui devient le carrefour du Genevois français, vers lequel convergent les habitants des vallées du Giffre, de l'Arve, de la Menoge (vallée Verte) et du Bas-Chablais. Elle devient ainsi la porte d'entrée de la ville de Genève, supplantant Saint-Julien, dont l'arrière-pays est des plus réduits. La population de la ville subit une augmentation soudaine et rapide, doublant entre les années 1919 et 1936, date à laquelle elle compte plus 8 000 habitants.

Depuis l'annexion de la Savoie à la France, les Maires d'Annemasse qui se sont succédé appartiennent tous à la gauche de l'échiquier politique de l'époque. Ce sont des radicaux socialistes, encartés ou sympathisants, dont les convictions reposent quasi-exclusivement sur l'anticléricalisme. Ils exercent des professions libérales (médecins, notaires) ou sont des entrepreneurs prospères. Le fait économique ne leur est pas étranger. La gauche des fonctionnaires, et en particulier des enseignants, viendra plus tard, vers la fin du XXe siècle, et s'installera dans la durée avec les résultats que l'on sait.

---

[84] Entretien avec feu Monsieur Fuess, alors pensionnaire des Jardins du Mont Blanc à Ville la Grand.

La lente agonie de la Troisième République

La Droite qui au début de la Troisième République, était associée à la royauté, avait mis beaucoup de temps à rentrer dans le moule de la République. Les Savoyards catholiques et conservateurs, pour lesquels la royauté française n'évoquait rien, se réfugièrent pour beaucoup dans l'abstention et restèrent longtemps sans représentation politique.

Les élections législatives du mois de novembre 1919 donnent, pour la première fois depuis la Constitution de 1875, la victoire aux partis conservateurs avec une large majorité, ce qui conduira les observateurs à parler de la « *chambre bleu-horizon* », en référence à la couleur de l'uniforme[85] que portaient les Poilus. Jusqu'ici tenus à l'écart du pouvoir politique, les catholiques font leur entrée dans le gouvernement du Bloc National dirigé par Alexandre Millerand. En Haute-Savoie, les quatre députés de droite républicaine élus sont les Franco-Suisse Paul Tapponnier, de Saint-Julien, et René Bartholoni[86] de Sciez, accompagnés de Louis Perrollaz, de Magland, et Albert Crolard, de Veyrier du Lac.

Mais la France peine à se relever économiquement. Les Allemands ne payant pas les réparations de guerre dont ils sont redevables, le coût de la reconstruction du pays accroît la dette publique et conduit finalement à une crise monétaire. En conséquence, Poincaré ordonne l'occupation de la Ruhr en 1923, pour « *se payer en charbon* », et établit un nouvel impôt (la double décime) qui sauvera la monnaie mais qui, comme tout impôt nouveau, sera impopulaire. Sur le plan sociétal, Poincaré refuse d'appliquer la loi de séparation

---

[85] Les soldats français avaient commencé la guerre dans un uniforme composé d'un képi et d'un pantalon de couleur rouge garance. Inadapté au camouflage, il sera remplacé par la tenue bleu horizon accompagnée du casque Adrian dès 1915.

[86] René Bartholoni est le neveu d'Anatole Bartholoni, député du corps législatif de 1860 à 1869, et le petit-fils de François Bartholoni, banquier d'origine genevoise et pionnier du développement des chemins de fer en France.

des Églises et de l'État en Alsace, ce qui provoque le départ des radicaux indépendants (centre droit anticlérical) de sa coalition.

Tout est en place pour que le grand cirque politique commence. Aux élections législatives de 1924, le cartel des gauches obtient la majorité. C'est le retour des « *ventripotents* » accompagnés de jeunes exaltés anticléricaux et radicaux, rêvant d'un retour au « *Combisme* ». En Haute-Savoie, deux députés radicaux et un socialiste sont élus. Les persécutions religieuses reprennent, avec notamment l'expulsion des Clarisses d'Évian (1924).

Mais l'ignorance patente et atavique du fait économique par ces idéologues novices, conduit immanquablement les gouvernements Herriot, Briand et Painlevé à la faillite du pays. Herriot dira s'être heurté au « *mur de l'argent* », mais il aurait été plus juste et précis de parler du mur de son impéritie. Raymond Poincaré sera rappelé une nouvelle fois pour sauver le pays de la banqueroute, et les élections de 1928 consacreront le retour de la droite modérée. En Haute-Savoie, les députés élus sont Alexis Calliès et Félix Braise, tous deux conservateurs modérés, accompagnés de Paul Jacquier (Radical) et Étienne Antonelli (Socialiste), pour la circonscription de Saint-Julien dans laquelle se trouve Annemasse.

Esther Deloche[87] souligne que l'entre-deux guerres voit la communauté des catholiques prendre confiance en elle-même et s'affirmer très nettement, en se replaçant sur l'échiquier politique, après un demi-siècle d'exclusion. Les mentalités changent et les prêtres, qui ont participé à la guerre, avec pour certains l'expérience des tranchées, se rapprochent de leurs fidèles. Les associations catholiques se structurent et évoluent, comme l'Association Catholique de la Jeunesse Française (ACJF), présidée un temps par François de Menthon. C'est la naissance d'un catholicisme social, et plus tard, de la démocratie chrétienne. L'Union Diocésaine des Hommes, qui

---

[87] Ester Deloche, *op. cit.*

tient son rassemblement à Annemasse en 1929, souligne l'importance de la mise en place d'allocations familiales. Les mouvements de jeunesse (JOC, JAC, JEC)[88] prennent leur essor et le renouveau de certains pèlerinages locaux atteste de la bonne santé du diocèse. À Annemasse, Alphonse Roguet, cheminot, devient le 1er président diocésain de la Jeunesse Ouvrière Chrétienne. L'augmentation considérable de la population dans l'entre-deux-guerres, notamment celle de la communauté italienne dont une partie fuyait le régime fasciste, conduit le diocèse et les paroissiens d'Annemasse à la création d'une nouvelle paroisse, qui sera baptisée Saint-Joseph. L'église qui lui sera consacrée sera construite entre les années 1940 et 1946. La presse catholique est dynamique, avec de nombreux titres tels que La Croix de la Haute-Savoie ou La Floraison des Alpes. En 1927, le Vatican en la personne de Pie XI condamne clairement l'Action française et les catholiques intégristes. Plus tard, en mars 1937, le Vatican condamne par les encycliques « *Mit brennender Sorge*3246 *et Divini Redemptoris*3247 » le nazisme et le communisme.

Annemasse traverse les années trente sous la conduite de Claudius Montessuit qui est un ancien combattant décoré de la médaille militaire, radical-socialiste, franc-maçon et peut-être libre penseur. C'est un instituteur reconverti en entrepreneur de Travaux Publics par son beau-père. La ville, qui compte 8 000 habitants à la veille de la guerre, est un centre commercial important qui attire la clientèle suisse et celle des gens aisés de la région par ses boutiques de luxe dans de nombreux secteurs (prêt-à-porter, épicerie fine, orfèvrerie, etc.).

Au cours de la Troisième République, il y eut très peu d'hommes politiques de valeur – les doigts d'une main suffisent amplement à les dénombrer – et, comme très souvent, le roman national n'a pas

---

[88] Jeunesse Ouvrière Chrétienne, Jeunesse Agricole Chrétienne, Jeunesse Etudiante Chrétienne.

retenu leurs noms. Parmi ces personnages hors norme, le plus clairvoyant d'entre eux est sans conteste André Tardieu[89]. Plusieurs fois président du Conseil des ministres[90], il publie, dès 1934, « *la Réforme de l'État* » qui, deux décennies plus tard, inspirera le général De Gaulle et ses collaborateurs pour rédiger la Constitution de la Ve République. Ce même général, alors lieutenant-colonel, écrit la même année un ouvrage visionnaire intitulé « *Vers l'armée de métier* ». Il y explique sa conception de la guerre moderne et préconise une rupture dans la stratégie de défense du territoire national[91,]. Malheureusement, ces deux personnalités ne seront pas écoutées et Hitler pourra duper, sans difficultés, des dirigeants français lâches et crédules.

Depuis le début de la Troisième République, faire de la politique peut rapporter beaucoup d'argent et permettre, pour peu que l'on en connaisse les codes, d'asseoir une position sociale confortable. Il n'est donc pas étonnant de retrouver parmi ce personnel des individus à la moralité douteuse qui s'avéreront pour certains corrompus jusqu'à l'os. Force est de constater que la grande majorité de ces individus véreux se situent surtout sur l'aile gauche de l'échiquier politique, dans les rangs des partis radical et radical-socialiste. En place depuis une cinquantaine d'années, ces partis de notables bourgeois, dont le ciment est l'anticléricalisme, ont eu le temps d'installer leur mainmise sur l'économie de leur circonscription. Aussi,

---

[89] Maxime Tandonnet, *André Tardieu*, 377 p.

[90] Lors du premier mandat d'André Tardieu, la loi sur les assurances sociales, à l'origine de la Sécurité Sociale, est promulguée.

[91] André Tardieu fut avec Georges Mandel un proche collaborateur de Georges Clémenceau, notamment lors de la négociation du Traité de Versailles. Il occupa plusieurs fois le poste de président du Conseil à la fin des années vingt et au début des années trente. Devant l'impossibilité de mettre en œuvre ses idées visionnaires, il se retira de la vie politique et s'installa dans sa villa de Menton. Deux mois avant la déclaration de guerre, il sera frappé d'un accident vasculaire cérébral sévère qui le laissera paralysé. Il mourra en 1945 à l'âge de 68 ans. On ne saura jamais quel aurait pu être son rôle au moment de la défaite en juin 1940.

lorsque surviennent les évènements du 6 février 1934 sur la place de la Concorde à Paris, il ne s'agit pas d'une tentative de coup d'État, comme beaucoup le pensent et le disent, mais bien de la manifestation d'un authentique écœurement, d'un dégout profond des pratiques politiques. Les Ligues mais aussi les anciens combattants et même des communistes défilent aux cris de « *À bas les voleurs !* ». Parmi les personnes visées, il y a le président du Conseil démissionnaire Camille Chautemps[92] (radical-socialiste) que l'affaire Stavisky – retrouvé mort à Chamonix quelques jours plus tôt – et le scandale du crédit municipal de Bayonne ont clairement désigné comme l'un des principaux protagonistes. Il faudra tirer Gaston Doumergue de sa retraite pour éteindre l'incendie. Dans ce nouveau gouvernement d'Union nationale, on retrouve, outre André Tardieu, le Maréchal Pétain (Sans Étiquette) qui occupe le ministère de la Guerre. De novembre 1934 à juin 1936, quatre gouvernements se succèdent et, pendant ce temps, en mars 1936, Hitler occupe la Rhénanie en violation du traité de Versailles, sans qu'aucune réaction adéquate ne se manifeste. *Notre maison brûle et nous regardons ailleurs*, disait un politicien bien connu, mais le chanoine Corbet[93], 70 ans auparavant, écrivait de sa plume : « *il y a un incendie, et ce qui brûle, c'est la France* ». Cet aphorisme résume bien l'état d'esprit ambiant de l'époque.

Pour parachever l'état de déni ou d'ignorance dans lequel se trouve le peuple français, celui-ci choisit, en mai 1936, de confier le sort du pays au désormais très célèbre Front populaire de Léon Blum (SFIO). Les usines d'armement allemandes tournent à plein régime, l'armée allemande se renforce, l'économie du pays se

---

[92] Camille Chautemps était le fils d'un notable haut-savoyard et franc-maçon. Son père, né à Valleiry, près de Saint-Julien, fut député de la Haute-Savoie puis ministre. Chautemps quittera la France en novembre 1940 pour Wasghington D.C., où il résidera pendant toute la durée de la guerre. À la fin de la guerre, dans le cadre de l'épuration, la Haute Cour de Justice le condamnera par contumace à cinq ans de prison.

[93] Esther Deloche, *op. cit.*, p. 408.

redresse et, pendant ce temps, les Français se mettent en grève pour obtenir la semaine de 40 heures, puis partent en vacances.

Lorsque, quelques mois plus tard (mars 1938), l'Allemagne annexe l'Autriche (Anschluss), le tandem Blum - Chautemps se montre incapable de comprendre la situation et d'apporter un début de réponse à la hauteur de la menace et du danger. C'est ainsi que le Front populaire prend fin, après deux années de lamentables tergiversations, ponctuées d'expériences économiques vaines et hasardeuses. Comme en 1934, Édouard Daladier (radical-socialiste) est rappelé en « *pompier* », mais la situation est cette fois irrécupérable. En octobre, l'armée allemande pénètre en Tchécoslovaquie pour occuper la région des Sudètes. Daladier ne pourra que constater l'ampleur des dégâts, en acceptant de signer avec son homologue britannique les accords de Munich. On prête à Winston Churchill la sentence : *« Vous aviez à choisir entre la guerre et le déshonneur ; vous avez choisi le déshonneur et vous aurez la guerre »*. Dès lors, le sort de l'Europe est scellé et la guerre inévitable ; la Troisième République agonise.

La débâcle et le suicide de la Troisième République

À la suite de l'invasion de la Pologne, la France et l'Angleterre déclarent la guerre à l'Allemagne le 3 septembre 1939. C'est le branle-bas de combat d'une armée française mal préparée, moins nombreuse et mal équipée, dont une partie se déplace sur la ligne Maginot à l'Est de la France. De son côté, l'armée allemande se masse à la frontière et protège la ligne Siegfried. À part quelques escarmouches et l'occupation temporaire de la Sarre, il ne se passera rien avant le mois de mai 1940, ce qui vaudra à cette période l'appellation de « *drôle de guerre* ».

Le 10 mai 1940, la Wehrmacht embraye et envahit la Belgique. À la surprise du commandement français, les troupes allemandes traversent les Ardennes – supposées infranchissables – et pénètrent dans le territoire français. Après quelques jours de combat, les Anglais, venus prêter mains fortes aux Français, sont contraints de se replier à Dunkerque et d'évacuer le sol national dans une pagaille indescriptible. Malgré une résistance héroïque et quelques succès ponctuels, les armées françaises dirigées par le Généralissime Maurice Gamelin[94] reculent très rapidement. Devant la situation préoccupante, le président de la République Albert Lebrun[95] avait nommé Paul Reynaud (divers droite) à la tête d'un gouvernement d'Union, le 22 mars 1940. Ce dernier s'entoure de deux vice-présidents : l'inénarrable Camille Chautemps et le Maréchal Henri Philippe Pétain. Charles De Gaulle (Sans Étiquette), récemment promu général de brigade, occupera plus tard le poste de sous-secrétaire d'État chargé de la Défense nationale et de la Guerre et le brillant Georges Mandel se retrouve ministre de l'Intérieur.

Devant l'avancée de l'armée allemande – qui entrera dans Paris le 14 juin – le gouvernement, qui s'était dans un premier temps replié à Tours, s'installe à Bordeaux où il se trouve devant le dilemme de la capitulation. La question est de savoir s'il est opportun de solliciter un armistice ou, au contraire, de poursuivre les combats en déplaçant le gouvernement et, surtout, les forces armées subsistantes dans une capitale de l'Empire colonial. La situation est confuse et Pétain, soutenu par quelques ministres, prône la négociation d'un armistice pour préserver le peuple français, tandis que les tenants de la poursuite des combats sont représentés par Paul Reynaud, Georges Mandel et Charles de Gaulle. Dans la confusion, certains députés et ministres embarquent sur le Massilia, spécialement affrété pour rejoindre Alger. Finalement, les partisans de l'armistice

---

[94] Maurice Gamelin fut considéré comme le principal responsable militaire de la débâcle de 1940. Il était sorti major de Saint-Cyr en 1893.

[95] Albert Lebrun fut Président de la République de 1932 à 1940. Auparavant, il avait été diplômé major de l'École Polytechnique. Avec Gamelin, ils symbolisaient un tandem de brillants intellectuels. Comme quoi, l'intelligence à la française n'est pas toujours gage de compétence.

Chapitre III : L'Histoire et le temps long

s'imposent, et le 16 juin, le président Lebrun nomme Philippe Pétain chef du gouvernement. L'armistice est signé le 22 juin dans la clairière de Compiègne, où trône le wagon de la signature de 1918 qui avait été sorti de son musée pour l'occasion. On ne saura jamais ce qu'aurait donné la seconde option, celle de la poursuite des combats depuis l'Empire. Le Reich aurait alors occupé la totalité du territoire métropolitain et aurait probablement nommé, comme aux Pays-Bas, un *Gauleiter* pour administrer le pays. Cela aurait indubitablement demandé de la part de l'occupant allemand beaucoup de moyens et d'énergie pour assurer la sécurité de ce vaste territoire qu'est la France, et peut-être que le cours de l'Histoire aurait été différent.

Tout est prêt pour le suicide final de la Troisième République. Le 10 juillet, l'Assemblée nationale se réunit dans le théâtre du grand casino de Vichy, qui est devenue la capitale du nouvel État français. Les députés de la chambre du Front populaire et les sénateurs réunis votent à 569 voix pour et 80 voix contre la délégation des pleins pouvoirs constituants au Maréchal Pétain. Vingt parlementaires s'abstiennent. Seuls 29 députés SFIO sur les 147 élus en 1936, auxquels s'ajoutent 7 sénateurs, votent contre les pleins pouvoirs. Parmi ceux-ci figure le député haut-savoyard de Bonneville Amédée Guy. À ces 29 députés SFIO qui ont voté contre, il faut en ajouter 8 qui sont prisonniers de guerre et qui n'ont pas pu prendre part au vote, 1 qui est sous les drapeaux, 7 qui sont au Maroc après l'épopée du Massilia, et 13 qui se sont fait porter pâles. Tous calculs faits, cela porte à 89 le nombre de députés SFIO qui ont accepté de donner les pleins pouvoirs au Maréchal Pétain. Enfin, il faut mentionner les 72 députés communistes qui avaient été déchus de leurs mandats. Édouard Daladier avait en effet dissout le Parti communiste, pour cause d'intelligence avec l'ennemi, à la suite de la signature du pacte germano-soviétique en 1939.

Henri Philippe Pétain

Henri Philippe Pétain naquit en 1856 dans le Pas-de-Calais. Fils de cultivateurs, il perdit sa mère jeune et grandit dans un milieu catholique, entouré de quatre sœurs. Marqué par la défaite de Sedan en 1870, il entame une carrière militaire qui le mènera à l'École spéciale militaire de Saint-Cyr puis à l'École supérieure de Guerre où il développera des idées originales sur la tactique défensive. À la veille de la Première Guerre mondiale, il s'apprête à prendre sa retraite au grade de colonel, après une carrière militaire sans grand relief. Il a 58 ans. La guerre éclate et ses états de service lui permettent de gravir rapidement la hiérarchie militaire ; il devient général de brigade dès le mois d'août 1914. Puis, il obtient les succès que l'on connaît, notamment à Verdun, et gagne l'estime de la troupe, comme nous l'avons vu précédemment. Après la guerre, il intervient au Maroc, dans la guerre du Rif en 1925-27 et occupe le poste de chef de l'État-major jusqu'en 1931.

Avant la Première Guerre mondiale, on ne lui connaît pas d'opinion politique exprimée. Il aurait jugé que le capitaine Dreyfus[96] s'était mal défendu et il ne prend pas parti lors de la loi de Séparation des Églises et de l'État. C'est plutôt un officier républicain fidèle à la tradition de la Grande Muette. De même, après-guerre, il n'exprime pas d'idées politiques, contrairement à Foch et Lyautey réputés proches de l'Action française et antisémites assumés. Ce n'est qu'en 1934 qu'il s'intéresse à la chose publique en entrant dans le gouvernement Doumergue, au poste de ministre de la Guerre. Les années qui suivent sont troublées, et Pétain tourne autour du pouvoir sans vraiment se déclarer, bien qu'il jouisse toujours d'une aura importante dans la population. Opposé aux thèses des successeurs de Foch, dont le général Weygand fait partie, il est écarté et nommé Ambassadeur en Espagne, avec pour mission d'assurer la neutralité

---

[96] Marc Ferro, *Pétain*, 2009, 789 p.

espagnole en cas de conflit européen[97]. Il y restera du mois de mars 1939 au mois de mai 1940, quand Paul Reynaud, président du Conseil, le rappellera. Pétain a alors 84 ans.

Séducteur invétéré et « *coureur de jupons* » réputé, on le sait vaniteux et sensible aux honneurs et à la flatterie. Sans enfants, à la retraite et en bonne santé, il a du temps libre et fait partie de ces soldats écœurés par le système de la Troisième République qui a mené la France à la défaite. Sa volonté de prendre part au redressement national est certainement sincère et son intention de préserver les Français est dans la droite ligne de la relative bienveillance dont il avait fait preuve à l'égard de ses soldats lors de la Première Guerre mondiale.

---

[97] Michel Catala, *L'ambassade espagnole de Pétain (mars 1939-mai 1940)*, pp. 29-42.

Chapitre IV : La longue traversée

La violence engendre la violence. C'est pourquoi la plupart des révolutions se sont perverties en dictatures – Vaclav Havel

Quand on analyse la conduite du Maréchal Pétain durant la période 1940 - 1944, il faut nécessairement distinguer son projet politique – la Révolution Nationale – et ses relations avec l'occupant allemand que l'on appellera la *Collaboration*. Ces deux pans de son action politique trouveront des échos bien différents dans la Société française. On distinguera dans la population les *Maréchalistes*, qui vouent au Maréchal une profonde admiration, et les *Pétainistes* qui adhèrent au projet de Révolution Nationale. Les premiers resteront nombreux au cours du conflit, et même après, tandis que le contingent des seconds fondra comme « *neige au soleil* » à mesure que le temps passera.

Travail, Famille, Patrie

La nouvelle devise du nouvel État français devient donc « *Travail, Famille, Patrie* »[98]. Elle remplace celle de « *Liberté, Égalité, Fraternité* » héritée de la Révolution de 1848.

Le travail, sauf à tomber dans l'addiction[99], structure et équilibre la vie d'une personne. Qu'il soit manuel, intellectuel ou artistique, il permet de capter l'énergie et de canaliser l'élan vital, permettant ainsi l'accomplissement de grandes et belles choses. Ceux qui en sont privés pour des raisons diverses ressentent souvent un sentiment de tristesse et d'inutilité, conduisant parfois à la dépression. Les revenus que le travail procure, outre le fait qu'ils permettent de subvenir à ses besoins, sont source de valorisation et vecteur d'émancipation.

La famille est la cellule dans laquelle l'enfant va grandir et se sociabiliser, avant d'être confronté au reste du monde. C'est un foyer de stabilité et de sécurité, dans lequel il sera éduqué, en apprenant les codes de la vie en société et en acquérant la confiance en soi nécessaire pour s'émanciper librement. Un enfant qui grandit dans une famille qui dysfonctionne aura à surmonter bien des obstacles pour trouver sa voie et atteindre la sérénité. La structure de la famille a certes beaucoup évolué au cours des dernières décennies. On parle aujourd'hui de familles monoparentales ou recomposées, mais le terme « *famille* » reste la référence. On ne parle pas de club ni d'association. Quotidiennement, des faits de graves délinquances juvéniles sont rapportés dans les médias et, invariablement, la défaillance de la responsabilité parentale est pointée du doigt. Lorsque à l'âge adulte, et surtout en fin de vie, une situation difficile survient, l'Administration se tourne en premier lieu vers la famille.

---

[98] À l'origine, cette devise était celle du Parti Social Français du colonel de la Rocque. Elle s'accompagnait du slogan : ni fascisme, ni communisme !
[99] Les Américains utilisent le terme « *workaholic* » pour qualifier cet état.

La Patrie est une affaire de conviction indicible. C'est en quelque sorte une prolongation de la famille qui traduit une appartenance à une communauté de destin, à une communauté de valeurs. Elle sous-tend la notion de solidarité dans une communauté qui est bien souvent nationale, au sens défini par Ernest Renan[100].

La Liberté, de son côté, est l'oxygène indispensable à l'accomplissement de la vie humaine. Sans elle, rien n'est possible, puisque l'élan vital est réprimé. « *Vivre libre ou mourir* » était la devise du Maquis des Glières, mais elle avait été aussi celle d'autres soldats, bien avant eux[101].

L'Égalité est une notion ambiguë. Si on l'entend par équité, égalité de traitement ou égalité des chances, tout le monde peut y souscrire. Mais certains, descendants de sans-culottes, l'interprètent comme une uniformité contraignante qui vire à un égalitarisme maniaque (n'avaient-ils pas rasé les clochers des églises au prétexte qu'ils étaient plus hauts que les autres bâtiments ?). Un homme politique local aime à rappeler, pour justifier sa politique, qu'Annemasse est l'une des villes les plus inégalitaires de France, faisant référence aux différences de revenus de la population. Certes, mais il y a des villes très égalitaires dans certaines contrées où, malheureusement, toute la population vit proche du seuil de pauvreté.

La Fraternité est une notion universelle, largement promue par les religions chrétiennes. Elle sous-entend un certain altruisme et l'amour de son prochain. La sagesse qui l'inspire est en fait bien souvent une preuve d'intelligence sociale.

---

[100] Ernest Renan, *Qu'est-ce qu'une nation ?*
[101] Cette devise est inscrite sur le monument à la gloire des soldats de 1870 érigé à Annecy, avenue de Genève.

À mal nommer les choses

« *Mal nommer les choses, c'est ajouter au malheur de ce monde* », pourrait-on dire en paraphrasant[102] une citation d'Albert Camus[103]. Le terme collaboration, utilisé de manière exclusive pour décrire et commenter la période s'étendant de juin 1940 à août 1944, faisait pourtant bien partie de l'article III de la convention d'armistice, signé par le général Huntziger le 22 juin 1940. Celui-ci stipulait : « *...Le Gouvernement français invitera immédiatement toutes les autorités et tous les services administratifs français du territoire occupé à se conformer aux réglementations des autorités militaires allemandes et à collaborer avec ces dernières d'une manière correcte.* »

Le mot « *collaboration* » n'en demeure pas moins inapproprié, car collaboration signifie « *travailler avec* » et sous-entend donc un certain pied d'égalité entre les parties prenantes. Si Adolf Hitler l'a utilisé dans le texte du traité, c'est sans doute pour ne pas humilier le gouvernement français, duquel il avait grandement besoin du concours pour poursuivre son dessein, à savoir se retourner contre l'Angleterre dans un premier temps et contre l'URSS, dans un second. Le terme idoine de servitude eût été plus judicieux. En effet, lorsque les armées d'un pays de l'importance de la France subissent en six semaines la plus grande défaite de leur histoire millénaire, le vainqueur peut légitimement exiger la soumission ou, à tout le moins, la subordination du vaincu. De ce mésusage des mots naîtront bien des quiproquos qui conduiront à des analyses erronées de cette période.

La débâcle de juin 1940 et la défaite qui s'ensuivit furent un cataclysme sans précédent qui causa un gigantesque traumatisme dans la société française. La centaine de milliers de soldats tués, les près

---

[102] La citation exacte est : « *Mal nommer un objet, c'est ajouter au malheur de ce monde.* »
[103] Albert Camus, *Œuvres Complètes*.

de deux millions faits prisonniers et surtout les millions de gens jetés sur les routes dans un interminable exode en ayant tout perdu, provoquèrent un choc émotionnel d'une violence inouïe. Il devait y avoir une faute à expier, il devait forcément se trouver des responsables ? Dans ce cyclone dévastateur, dont les habitants des campagnes de Haute-Savoie n'étaient informés que par la presse écrite et pour certains par la radio (la télévision n'existait pas), la figure du Maréchal Pétain, vainqueur de Verdun, apparut naturellement comme une planche de salut, une bouée de sauvetage à laquelle s'accrocher. La quasi-totalité de la classe politique était désapprouvée, blâmée, discréditée. Aussi, lorsque le Maréchal fit appel aux anciens combattants de 14-18 pour constituer la Légion Française des Combattants, destinée à porter sa politique de Révolution Nationale, il reçut en Haute-Savoie et partout ailleurs un soutien massif et quasi-unanime. Ces anciens Poilus, qui avaient passé quatre années dans les tranchées – pour ceux qui en revinrent – à se battre dans des conditions effroyables et inhumaines qui, pour certains, leur laissèrent de graves séquelles physiques et psychiques, vouaient au Maréchal une admiration sans limites. Celui qui avait soulagé leurs souffrances à Verdun en organisant leur relève fréquente et en s'opposant à la tactique de l'attaque à outrance, prônée par Foch et mise en œuvre par Nivelle, était perçu par certains comme un demi-Dieu.

Pétain expliquera aux Français, le 17 juin 1940, par voie radiophonique, « *avoir fait don de sa personne pour atténuer son malheur [la France]* ». Était-il sincère ? La question n'est toujours pas tranchée et le consensus semble bien difficile à établir. Compte tenu de la structure psychologique du personnage et des mots employés[104], il y a de fortes chances qu'il le fût. Les premières préoccupations du nouveau chef de l'État français furent le sort des prisonniers de guerre (1,8 million) et l'assouplissement des conditions de

---

[104] Parmi les mots utilisés, il y a ceux très évocateurs d'affection, de compassion et de sollicitude.

passage de la ligne de démarcation, séparant la zone libre de la zone occupée. De cet état de fait naîtra la thèse du *glaive* – représenté par De Gaulle, le combattant – et du *bouclier,* joué par Pétain, le protecteur. L'Historien américain Robert O. Paxton[105] contestera cette vision des choses qui, il est vrai, était défendue après-guerre par les partisans de la réhabilitation du Maréchal, au premier rang desquels figurait son avocat Maitre Isorni.

Dans ce contexte et dans la société rurale de Haute-Savoie de l'époque, la publication du statut des Juifs du 3 octobre 1940, tout comme la rencontre de Montoire du 24 octobre, passèrent « *sous les radars* », ou plutôt ne furent pas un sujet de préoccupation. L'heure était à l'adaptation à marche forcée à cette nouvelle vie et à l'angoisse d'une période qui s'annonçait difficile. Aussi, lorsque le Maréchal Pétain vint en visite à Annecy en septembre 1941, plus d'un an après sa prise de pouvoir, l'accueil qui lui fut réservé se traduisit par une véritable ovation. Le Pâquier d'Annecy débordait de monde et les festivités organisées manifestèrent une ferveur exceptionnelle.

Les mois s'enchaînèrent et les conditions de ravitaillement et de circulation se compliquèrent, même si, dans les campagnes, les ressources alimentaires et une certaine solidarité permettaient de s'en sortir mieux qu'ailleurs. Les cultivateurs ne s'intéressaient pas aux combinaisons politiques et ne comprenaient pas grand-chose aux subtilités qui séparaient un Darlan d'un Laval, même si le retour de ce dernier à la tête du gouvernement, en avril 1942, suscita une interrogation lorsqu'il déclara qu'il souhaitait la victoire de l'Allemagne. Au cours de cette année, plusieurs évènements vont éloigner progressivement la population haut-savoyarde du régime de Vichy. La première fut la baignade infligée par des Légionnaires au comte François de Menthon, en mai, qui heurta profondément les catholiques. Puis il y eut la rafle du Vél d'Hiv en juillet, qui suscita une

---

[105] Robert O. Paxton, *La France de Vichy*, 1940-1944, 475 p.

vive émotion dans la population, y compris dans la communauté catholique.

Mais la situation se transforma radicalement lorsque les Alliés lancèrent l'opération Torch et débarquèrent en Afrique du Nord, le 8 novembre 1942. La conséquence directe et immédiate fut l'occupation de la zone libre, et les Hauts Savoyards virent arriver sur leur sol les *Alpini sciatori* – chasseurs alpins italiens – surnommés « *piuma nel cappello* » en raison de la petite plume d'oiseau que certains accrochaient à leur chapeau. Cette occupation, qui ranima dans la population la crainte ancienne d'une annexion à l'Italie, s'avéra relativement douce par rapport à ce qui allait venir, quelques mois plus tard. De manière quasi-concomitante, mais sans relation évidente de cause à effet, le gouvernement, sous la pression allemande, transforma le SOL en Milice Française, le 30 janvier 1943, et instaura le Service du Travail Obligatoire, le 16 février suivant.

Annemasse, une ville d'accueil

Depuis 1919 et l'abrogation de la grande zone franche, Annemasse était devenue une ville frontière à part entière et, à ce titre, elle attirait une population nouvelle et nombreuse en quête d'opportunités, pas toujours très honorables. De plus, les puissances de l'Axe n'ayant pas réussi à fermer le verrou savoyard avant l'armistice, il subsistait la fenêtre suisse qui constituait la seule zone de contact entre la France non occupée et un pays du monde libre. Cette frontière terrestre, qui s'étendait sur une cinquantaine de kilomètres, entre Vulbens et Chens-sur-Léman, resta ouverte jusqu'à l'arrivée des troupes d'occupation, en novembre 1942[106]. La

---

[106] Il faut aussi mentionner la frontière en zone montagneuse, s'étendant de Saint-Gingolph à Vallorcine, à travers les massifs du Haut-Chablais, du Haut-Giffre et du Mont Blanc. Ajoutons la frontière lacustre qui fut aussi une zone de passage avec le concours de pêcheurs locaux.

situation était idéale pour le développement d'activités de nature clandestine qui ne tarderont pas à se réaliser.

Les premiers à affluer dans la région à l'été 1940, seront les évacués des zones de conflit qui fuyaient l'avancée de l'armée allemande, notamment les Alsaciens, dont le territoire allait être annexé au Reich. Beaucoup transitèrent par la Suisse et débarquèrent dans la zone libre, à Annemasse, dans le plus grand dénuement. Plus de 3 000 personnes arrivèrent dans les semaines qui suivirent la débâcle.

À Annemasse, le centre d'accueil du Secours National (SN)[107], mis en place par Jean Deffaugt, qui n'est pas encore Maire, est géré par Monsieur Ernest Balthazard[108] qui en est le responsable. Monsieur Syord, capitaine des pompiers, fait aussi partie de l'équipe d'accueil. Le centre municipal est installé dans l'ancienne gendarmerie sarde, qui était située à la jonction des routes nationales 205 et 206, soit à la hauteur de la place Alexandre Moret d'aujourd'hui. De nombreux particuliers, de la ville et de la campagne, se porteront aussi volontaires pour héberger ces réfugiés alsaciens.

L'entraide et les services sociaux de Vichy

Les conséquences de l'armistice sont lourdes à porter, notamment en termes d'alimentation. L'absence des prisonniers[109], l'obligation d'entretenir l'armée allemande auxquels s'ajoute le blocus économique anglais à partir de 1940, rendent cette période extrêmement difficile. Devant les restrictions imposées, l'entraide et la solidarité vont se développer pour faire face à l'adversité. Les

---

[107] Archives Municipales de la ville d'Annemasse.

[108] Ernest Balthazard sera plus tard déclaré Juste Parmi les Nations par le mémorial Yad Vashem.

[109] Les un million huit cent mille prisonniers sont autant de forces de travail qui manquent dans les campagnes françaises pour assurer une production agricole suffisante.

conditions de vie en ville en économie de guerre, marquées par les pénuries et le rationnement des denrées alimentaires, conduisirent à une sous-alimentation qui, *in fine*, se traduira par une augmentation significative de la mortalité[110].

Le Secours National, auquel de nombreux habitants de la ville font des dons, va venir en aide aux populations victimes du conflit en centralisant puis en répartissant les moyens financiers aux différentes associations caritatives. Parmi celles-ci, les Artisans du Devoir Patriotique (ADP)[111] vont jouer un rôle important en ouvrant et en faisant fonctionner des restaurants d'entraide, à destination des gens dans le besoin. À cette époque, le chômage est important et l'afflux dans la région de réfugiés et d'évadés démunis est conséquent.

Pendant la période de la guerre, plus de douze mille personnes transiteront par le centre d'accueil d'Annemasse qui a aussi la charge de la distribution d'aide alimentaire. Le restaurant d'entraide, quant à lui, sera installé grâce à Madame Adèle Barrucand avec l'aide du Maire Marcel Collardey[112]. Mais l'action des Artisans du Devoir ne se limite pas à la restauration. Ils tiennent aussi un vestiaire-ouvroir, assistent les familles de prisonniers et fournissent une aide par le travail. Le soutien aux prisonniers semble être l'affaire de la Légion Française des Combattants qui adresse directement les colis aux détenus des Stalags, en lien avec la Maison du Prisonnier installée à Annecy. L'Œuvre du Soldat, de son côté, vient en aide aux femmes esseulées dont le mari est mort ou prisonnier en Allemagne.

---

[110] Paul Abrahams, *La Haute-Savoie contre elle-même : 1939-1945*, pp. 100-113.

[111] Les Artisans du Devoir Patriotique sont une émanation du Progrès Social Français résultant lui-même de la transformation en 1940 du Parti Social français du colonel François de La Rocque.

[112] Christine Peyraud, *Adèle Barrucand – Une savoyarde dans l'action sociale – 1939-1945*, p. 89-92.

Toutes ces associations travaillent, tant bien que mal, main dans la main pour tenter de soulager les souffrances des plus nécessiteux. On verra plus loin que plusieurs miliciens d'Annemasse insisteront, lors de leurs interrogatoires, sur le volet social de leur engagement.

Les mouvements d'action catholique ne sont pas en reste. L'Association Catholique de la Jeunesse Française (ACJF) développe des actions de solidarité, en lançant notamment une « *croisade d'aide à l'enfance* »[113], pour l'accueil d'enfants des villes où la malnutrition sévit. L'envoi de colis de nourriture à l'adresse des familles et des prisonniers fait aussi partie de son activité, en lien avec la Ligue Ouvrière Catholique (LOC). Lors de son interrogatoire, Lucien L., le chef de la supposée centaine de miliciens d'Annemasse, indique héberger dans ses locaux la bibliothèque de la Ligue Féminine d'Action Catholique Française.

Les filières de passage

Puis arrivèrent les indésirables du nouveau régime, au premier rang desquels se trouvaient les personnes de confession juive, adultes et enfants, qui cherchèrent à se réfugier en Suisse. Plusieurs points de franchissement de la frontière[114] se mirent en place à l'aide de passeurs humanistes ou opérant contre rétribution. Le point de passage emblématique de la région annemassienne fut sans conteste le Juvénat de Ville-la-Grand, aujourd'hui collège et lycée Saint François. Les limites de cet établissement coïncidant avec la frontière, il « *suffisait* » d'escalader un mur pour se retrouver sur le territoire helvétique. Certains Pères et Frères[115] mirent au point un stratagème

---

[113] *Ibid,* pp. 134 – 139.

[114] Jean-Claude Croquet, *Chemins de passages : Les passages clandestins entre la Haute-Savoie et la Suisse de 1940 à 1944.* 128 p.

[115] Le dispositif était constitué des Pères Favre, Pernoud et Frontin, assisté du Frère Raymond. Tous furent déclarés Juste parmi les Nations par le mémorial de Yad Vashem.

pour déjouer la surveillance des patrouilles allemandes, et ainsi, ils réussirent à sauver la vie de plusieurs centaines de personnes. La filière de passage[116] prit fin brutalement en février 1944, lorsque l'occupant arrêta le Révérend Père Favre, cheville ouvrière du dispositif et, par ailleurs, agent de liaison des réseaux de renseignements « *Gilbert* ». D'autres points de passage nécessitaient le franchissement de la rivière du Foron, qui, dans la région d'Annemasse, marque la frontière avec la Suisse. L'abbé Desclouds de Thônex et plusieurs douaniers suisses feront aussi leur possible pour venir en aide aux fugitifs[117].

Les ecclésiastiques jouèrent un rôle déterminant dans la protection des enfants d'Abraham. Outre l'équipe du Juvénat, il nous faut citer le chanoine Eugène Marquet, curé de la paroisse Saint-André à Annemasse, qui cacha de nombreux proscrits dans le clocher de son église. Un peu plus loin, le chanoine Abel Jacquet[118,119], curé de Juvigny, organisa le passage de familles juives en franchissant la frontière toute proche. Plus à l'Ouest, à Collonges-sous-Salève, c'est l'abbé Marius Jolivet qui, en contact avec ses collègues des paroisses voisines et avec l'aide de maraîchers locaux, coordonna le passage en Suisse de groupes d'enfants, mais aussi d'agents de renseignement. Il travaillait par ailleurs pour l'Office of Strategic Services (OSS), service de renseignement américain d'Allen Dulles installé à Berne. Et puis il y avait aussi la « *filière rail* », avec l'action héroïque

---

[116] Le passage de la frontière a récemment été reconstitué et des visites sont régulièrement organisées par l'établissement Saint François. Pour plus d'informations, consulter le site web de l'Association « *Le parcours du mur de la frontière 74* » :
https://parcoursmemoirejuvenat.jimdofree.com/

[117] Jean-Claude Croquet, *op. cit.*, pp. 91-100.

[118] Le chanoine Abel Jacquet, *un authentique héros doublé d'un historien du Genevois*, Le Messager.

[119] Le chanoine Abel Jacquet fut aussi déclaré Juste parmi les Nations par le mémorial de Yad Vashem.

de nombreux cheminots résistants dont André Allombert[120], qui officiait sur la ligne qui mène d'Annemasse aux Vollandes, dans le quartier des Eaux vives à Genève. Dans un témoignage[121], il explique le *modus operandi* mis au point pour déjouer la surveillance des polices allemande et française. Des douaniers comme Lucien Mas participèrent également à la venue en aide de tous ces désespérés qui convergeaient dans l'agglomération. Le pasteur Bach et sa femme apportèrent aussi leur concours à ce vaste projet de survie. Bien évidemment, le franchissement de la frontière devint beaucoup plus compliqué lorsque la zone libre fut à son tour occupée.

La Collaboration dans la cité frontalière

Fin 1940, le préfet révoque le maire radical-socialiste d'Annemasse, Claudius Montessuit, qui trouve refuge à Genève, et installe un artisan de la ville, Marcel Collardey, accompagné de deux autres personnes, dont Jean Deffaugt[122], à la tête de la cité frontalière. Ce dernier, commerçant de son état, deviendra plus tard Maire de la ville d'Annemasse. Tous deux étaient des anciens combattants de la Première Guerre mondiale.

Comme partout en France, la Légion Française des Combattants eut un relais à Annemasse. Il était conduit par le directeur de la Compagnie Électrique du Nord qui exploitait la ligne du tramway Annemasse-Sixt. Selon Paul Abrahams[123], la Légion était très dynamique en Haute-Savoie. Dans le canton d'Annemasse, elle aurait

---

[120] André Allombert était un cheminot qui deviendra un résistant, membre de Francs-Tireurs et Partisans (FTP), chef de la compagnie 93-03 d'Annemasse.

[121] Archives Centre d'Histoire de la Résistance et de la Déportation (Lyon) : AR 38 - Fonds André Allombert. Documents relatifs à la Résistance annemassienne, entretien-vidéo d'André Allombert, 26 février 1991.

[122] Voir le documentaire sur le site web du conseil départemental. https://resistants-secondeguerre.hautesavoie.fr/jean-deffaugt-episode-1/

[123] Paul Abrahams, *op. cit.*, pp. 87-92.

recruté près de 80 % des anciens combattants. Les légionnaires d'Annemasse, Ambilly et Étrembières prêtèrent serment le 2 mars 1941, sur la place du Maréchal Pétain, aujourd'hui place de la Libération[124]. Un local destiné à assurer la propagande de la politique du Maréchal fut aussi ouvert au 4 rue du Commerce. Le chef départemental de la Légion, Antonin Vergain, viendra plusieurs fois à Annemasse donner des conférences pour favoriser le recrutement. Ces interventions se déroulaient au grand cinéma le Trianon, qui se situait en face de la mairie, à proximité de l'actuel passage Jean Moulin.

La Légion est constituée, pour plus de la moitié, de combattants de la guerre de 14-18. Il s'agit donc d'hommes âgés d'au moins 45 ans[125] qui n'ont plus la fougue et la vigueur de leurs vingt ans. Passé l'enthousiasme du début et à mesure que la confiance dans le Régime s'émousse, les défections se multiplient. Pour compenser cette désaffection, Vichy crée, à l'été 1941, le Service d'Ordre Légionnaire (SOL) qui recrute parmi les jeunes de la Légion les plus convaincus, avec pour objectif de servir la politique du Maréchal et, accessoirement, de participer à des opérations de maintien de l'ordre lorsque celui-ci est troublé sur le plan politique[126]. À ce moment, dans l'agglomération annemassienne, les SOL ne sont qu'une petite cinquantaine[127] dont la plupart seront jugés lors de la cour martiale du 7 septembre 1944. Parmi les plus fanatisés, il y a Charles B. et le géomètre Alfred F., dont on reparlera plus loin, qui rejoindront la Légion des

---

[124] Robert Amoudruz et Guy Gavard, *op. cit.*, p. 85.

[125] À cette époque, l'espérance de vie à la naissance est de l'ordre de 58 ans pour les hommes (source INED).

[126] Jean-Marc Berlière, *Service d'ordre légionnaire (SOL)*, dans *Polices des temps noirs*, pp. 1142-1145.

[127] ADHS 2882 W - Archives du Comité de libération du secteur d'Annemasse (1940-1945).

Volontaires Français contre le Bolchévisme (LVF)[128]. Le recrutement des SOL sera un échec en Haute-Savoie, comme partout ailleurs en France. Il intervient à une période où la perte de confiance dans le régime est déjà amorcée et il est perçu par beaucoup comme une organisation fascisante[129]. Les SOL d'Annemasse les plus convaincus se laisseront aller à badigeonner les murs de leurs opposants politiques ainsi que le monument à la mémoire de Michel Servet installé sur la place de la mairie. La statue sera ultérieurement envoyée en Allemagne pour y être fondue[130].

La *Collaboration* s'étend aussi à la vie quotidienne. Comme beaucoup de choses, elle se mesure sur une échelle. Indiquer son chemin à un soldat allemand perdu dans la rue est déjà un petit acte de collaboration. Mais dans les villes, l'adhésion ou non au Régime dépend beaucoup des conditions de vie, qui elles-mêmes sont liées à la qualité de l'approvisionnement en denrées. Dans ce contexte, le marché noir va se développer.

Le Parti Populaire Français de Jacques Doriot[131] avait ses adeptes qui se réunissaient rue de la Faucille[132] à Annemasse. À sa tête, on trouve un chirurgien de la clinique de Savoie, Léon B., et un commerçant droguiste, Marcel G. La section comporte environ 25 personnes. C'est un parti extrémiste et violent qui juge la collaboration du Maréchal bien trop molle et qui tient le bureau de la propagande du Maréchal. Le chef de la Légion s'en inquiète auprès du sous-

---

[128] La Légion des Volontaires Français est créée en 1941 après la rupture du pacte germano-soviétique, pour envoyer des volontaires se battre sur le front russe. Elle sera dissoute par les Allemands en septembre 1944 et ses effectifs seront versés dans la tristement célèbre Division SS Charlemagne.

[129] Paul Abrahams, *op. cit.*, pp. 93-99.

[130] Robert Amoudruz et Guy Gavard, *op. cit.*, p. 163.

[131] Jacques Doriot était un ancien député communiste, exclu du parti en 1934, sur fond de rivalité avec Maurice Thorez (secrétaire général du parti), lui-même soutenu par Moscou.

[132] Robert Amoudruz et Guy Gavard, *op. cit.*, pp. 160 – 165.

préfet qui lui recommande de s'en méfier. Il ne semble pas qu'il y ait eu à Annemasse de représentants du Rassemblement National Populaire de Marcel Déat, autre figure de la gauche (SFIO) passée à la *Collaboration*[133]. Durant cette période, plusieurs attentats auront lieu contre les locaux de la propagande du Maréchal et ceux de l'office de placement allemand qui était installé au 45 avenue de la Gare. Dès 1941, une Commission de surveillance douanière allemande s'installe à Annemasse[134].

Courant 1942, la confiance dans le régime s'effrite. Les pénuries et le retour de Laval conduisent la population à prendre progressivement ses distances avec la politique de la *Collaboration*. L'agression du comte François de Menthon choque les catholiques qui se mettent à douter du bien-fondé de leur choix. Mgr Cesbron Évêque d'Annecy, s'écarte lui aussi du régime en se réfugiant dans une prudente neutralité.

Résistance et réseaux de renseignements

Dès l'appel du général De Gaulle, le 18 juin 1940, un petit nombre de personnes le rejoint à Londres. Force est de constater que, dans ce premier cercle de résistants, l'extrême droite est surreprésentée[135]. On retrouve en effet de nombreux partisans ou sympathisants de l'Action française, mus par leur haine du « *Boche*[136] » et leur rejet du Bolchévisme (à cette période, Hitler et Staline sont *de facto* alliés), qui seront impliqués dans la mise en place des premiers réseaux de renseignements, pionniers de la Résistance. Parmi ceux-ci,

---

[133] Florent Leone et Christophe Weber, *Quand la gauche collaborait, 1939-1945*, documentaire France TV.

[134] Vincent Dozol, *Annemasse ville frontière 1940-1944*, p. 20.

[135] Florent Leone et Christophe Weber, *Quand l'extrême droite résistait, 1939-1945*, documentaire France TV.

[136] « *Boche* » était le terme utilisé à l'époque pour désigner de manière péjorative les Allemands.

on peut citer la Confrérie Notre Dame du colonel Rémi ou le réseau Alliance de Georges Loustaunau-Lacau et Marie-Madeleine Fourcade, l'une des rares femmes à devenir cheffe de réseaux de renseignements.

Dans la région annemassienne, un premier groupe de résistants se structure, dès l'automne 1940, autour de Marcel de Saint-Sulpice, un conservateur catholique, ancien pilote de la Grande Guerre, qui entre en contact avec le mouvement *Combat* d'Henri Frenay. Une vingtaine de personnes qui comptent, entre autres, René Blanc, le Père Favre et l'imprimeur Grandchamp se réunissent. Cette cellule constituera le premier réseau de renseignements, du nom de code *Kasanga*, qui transmettra pour le compte du mouvement *Combat* des renseignements au BCRA du général De Gaulle. Plus à l'Est, dans le secteur de Saint-Jeoire, c'est un groupe affilié au mouvement *Libération Sud* qui se rassemble autour de Jean Carrier.

Fin 1942, à la suite de l'occupation de la zone libre, l'armée d'armistice est dissoute. Le colonel Georges Groussard, qui œuvrait pour tenter de créer une armée clandestine et qui avait arrangé de nombreuses caches d'armes, passe en Suisse pour constituer la tête de pont des fameux réseaux de renseignements « *Gilbert* ». Les réseaux sont constitués d'un petit nombre de personnes qui ne se connaissent généralement pas et qui œuvrent à transmettre du renseignement aux différents services secrets[137], installés à Londres ou à Berne. Établi à Genève, Groussard travaillait pour le compte du Secret Intelligence Service (SIS)[138] et transmettait les renseignements recueillis à Londres. Il était aussi en contact avec les Américains de

---

[137] Ces services secrets sont le SIS britannique, le SOE de Churchill, l'OSS américain et le Bureau Central de Renseignements et d'Action (BCRA) du Général De Gaulle. Ce dernier était dirigé par le colonel Passy.

[138] Le Secret Intelligence Service (SIS), aussi connu sous le nom de M16, est le service de renseignement du Royaume-Uni, tandis que le Special Operations Executive (SOE) fut créé par Winston Churchill duquel il dépendait directement.

Chapitre IV : La longue traversée

l'OSS et le BCRA. De nombreux agents travaillaient à lui transmettre des informations stratégiques. Parmi ceux-ci, on retrouve le Révérend Père Favre qui, ayant enseigné à l'Institut Florimont[139] à Genève, traversait fréquemment la frontière sans trop attirer les soupçons. Le général André de Vigny, originaire de la vallée verte, figurait aussi dans la liste des informateurs, mais le plus célèbre d'entre eux fut certainement Pierre de Bénouville[140], membre du mouvement de Résistance « *Combat* » qui emprunta plusieurs fois le passage des ambassadeurs de la maison de Mme Gubier[141] à Moëllesulaz. Selon Nicole Giroud[142], plusieurs agents de liaison appartenaient à la fois aux réseaux *Gilbert* et *Kasanga* ; ce fut le cas d'Émile Millet, Albert Curioz, Charles Francillon et du Père Favre qui était homologué P2 CM2 (lieutenant). Tous seront arrêtés et fusillés par les Allemands.

Petit à petit, l'opposition au régime s'organise et, progressivement, des mouvements de Résistance se mettent en place sur le terrain. Pour des raisons évidentes, ils se développèrent plus rapidement dans la zone sud, dite « *libre* », que dans le reste du pays occupé. Les principaux mouvements de Résistance furent, par ordre d'importance, les mouvements *Combat* d'Henri Frenay, *Libération Sud* d'Emmanuel d'Astier de la Vigerie et *Franc-Tireur* de Jean-

---

[139] L'Institut Florimont fut créé en 1903, par les missionnaires de Saint François de Sales après qu'ils furent chassés de leurs collèges d'Évian et de Mélan (près de Taninges) à la suite de la loi de séparation des Églises et de l'État.

[140] Pierre de Bénouville est un résistant fait Compagnon de la Libération. Dans sa jeunesse estudiantine, il milite aux Camelots du roi, une organisation de jeunesse de l'Action française. Ami de jeunesse de François Mitterrand, il lui viendra plusieurs fois en aide, notamment en 1943 pour l'extirper du guêpier de la Collaboration dans lequel il s'était mis.

[141] Mme Irène Gubier habitait une maison dont l'entrée se faisait par la France, mais à l'arrière de laquelle une porte donnait sur la Suisse. Elle fut arrêtée en janvier 1944 et passa par les camps de Ravensbrück et de Buchenwald avant d'être libérée en 1945. La maison existe toujours.

[142] Nicole Giroud, *Mission et calvaire de Louis Favre – La filière franco-suisse*, 255 p.

Pierre Lévy (à ne pas confondre avec Francs-Tireurs et Partisans qui viendra plus tard). Dans le premier, on retrouvait principalement, mais pas exclusivement, des personnes de droite et d'extrême droite comme Pierre de Bénouville, tandis que les deux autres, moins importants, étaient plutôt constitués de gens de sensibilité de gauche. Bien entendu, au hasard des rencontres, des amitiés et des affinités de chacun, on pouvait retrouver, dans chaque mouvement, des personnes de toute sensibilité politique.

La tâche confiée par le général De Gaulle à Jean Moulin dès 1942 fut d'unifier ces mouvements de Résistance. Dans un premier temps, à l'été 1942, ils acceptèrent, non sans mal, de mettre en commun leurs moyens militaires pour constituer ce que l'on appellera l'Armée Secrète (AS), dont le général Delestraint[143] fut le premier chef. Puis, Jean Moulin, qui était basé à Lyon, poursuivit son œuvre de rapprochement politique des mouvements en créant, en janvier 1943, les Mouvements Unis de la Résistance (MUR). Les MUR constituèrent l'embryon du Conseil National de la Résistance (CNR) que Jean Moulin réussit à réunir une seule fois avant son arrestation du 21 juin 1943, à Caluire. Pour asseoir sa légitimité vis-à-vis des Anglo-Américains, De Gaulle avait voulu que les partis politiques et les syndicats soient présents dans le CNR, qui incorporait bien entendu les mouvements de la zone nord. La sensibilité communiste y était représentée par le Front National.

À cela s'ajoutera, en juin 1943, l'Organisation de Résistance de l'Armée (ORA) du Général Frère[144], composée d'officiers et de soldats libérés par la dissolution de l'armée d'armistice, consécutive à l'occupation de la zone libre par les forces de l'Axe. Ces officiers

---

[143] Le général Charles Delestraint sera arrêté sur dénonciation le 9 juin 1943 à Paris. C'est pour désigner son successeur que la réunion de Caluire, où Jean Moulin fut arrêté, avait été organisée. Charles Delestraint passera par le Struthof avant de s'éteindre à Dachau le 19 avril 1945.

[144] Le général Aubert Frère est arrêté le 16 juin 1943 par la Gestapo à Royat. Il est déporté au camp de concentration du Struthof où il meurt le 13 juin 1944.

résistants, issus de l'armée régulière, joueront sous la houlette de Jean Valette d'Osia[145] un rôle primordial en Haute-Savoie, dans la constitution et surtout dans la formation des Maquis, notamment celui des Glières. Quelques dissensions surviendront entre l'AS-MUR et l'AS-ORA, qui seront réglées par l'intervention du colonel Romans-Petit (chef de l'AS de l'Ain), qui nommera Tom Morel à la tête du service Maquis des Glières.

Dans le secteur d'Annemasse, l'Armée Secrète est successivement pilotée par plusieurs personnalités. Elle est bien implantée à Arthaz et Étrembières, mais la ville d'Annemasse constitue pour ces chefs une zone à préserver[146]. Pour Henri Genet, alias Ranguin, qui dirigera l'AS Haute-Savoie à la libération de la ville, ce n'est pas le lieu pour développer des actions, car, d'une part, la présence de l'occupant est importante, et d'autre part, il ne faut pas perturber l'activité des réseaux de renseignements et des filières d'évasion ou de passage qui travaillent avec la Suisse[147]. En d'autres termes, il s'agit de ne pas se comporter comme un « *éléphant dans un magasin de porcelaine* ». Il est donc préférable de rester discrets, à distance, dans les massifs environnants (Salève, Môle, Voirons et massif des Brasses). Pour résumer, la stratégie de l'AS, qui se conforme scrupuleusement aux ordres du général De Gaulle, est de se préparer pour le jour « J », en constituant des stocks d'armes, délivrées essentiellement par les parachutages, en formant les Maquis et en entrainant physiquement et moralement les hommes. Il s'agit de vivre dans la clandestinité, en limitant l'impact sur la population, et dans la discrétion pour ne pas provoquer inutilement les forces de

---

[145] Jean Valette d'Osia est un officier de l'Armée d'armistice qui, à sa dissolution, passe à la Résistance. Il avait, au préalable, constitué d'importantes caches d'armes. Il sera un temps responsable de l'AS Haute-Savoie.

[146] Robert Amoudruz et Guy Gavard, *op. cit.*, p. 285.

[147] Témoignage d'Henri Genet, dans : Vincent Dozol, *Annemasse ville frontière 1940-1944* (tiré du fond Poirson – ADHS).

l'occupant et leurs supplétifs français. C'est ce que l'on pourrait appeler une Résistance intelligente[148].

On présente souvent l'AS comme étant la Résistance gaulliste – ce qui est factuellement exact – en sous-entendant qu'il s'agit d'une Résistance de droite. Rien n'est moins vrai, car en effet, on pouvait y retrouver des hommes de toutes obédiences politiques. À titre d'exemple, Joseph Ducret le maire communiste d'Arthaz à la Libération était membre de l'AS. De même, Jean Carrier, Compagnon de la Libération qui dirigeait les Maquis AS de la vallée du Giffre, était de sensibilité politique SFIO.

Les FTP, qui s'implantèrent plus tardivement, eurent une attitude différente et n'eurent pas vraiment de chef emblématique. Leur mode d'expression favori est la guérilla ou le coup de main tous azimuts. Ils attirent dans leurs rangs beaucoup de jeunes gens rebelles, parfois bagarreurs, qui veulent en découdre ici et maintenant. Ils semblent ne pas vraiment chercher à canaliser l'enthousiasme de leurs recrues, ni à les former au combat. Rétifs à la discipline et à l'organisation militaire, ils se préoccupent peu des mesures de rétorsion sur la population que leurs actions entrainent. À Annemasse même, les FTP sont pour beaucoup des cheminots. Une de leurs premières actions est de faire sauter la rotonde de la gare SNCF, le 19 août 1943, près d'un an avant le débarquement des Alliés en Normandie. On peut légitimement se demander quel en était l'intérêt. Les nombreux sabotages de lignes de chemin de fer pénalisent l'occupant, mais ils rendent aussi la vie des habitants bien plus difficile,

---

[148] Dans leur ouvrage intitulé « *Annemasse, la frontière et Genève, 1939 – 1945* », Amoudruz et Gavard font, au chapitre X, une présentation peu élogieuse de l'AS en reprenant, pour l'occasion, le concept de résistance « *modérée* ». Ils démontrent ainsi la méconnaissance que peuvent avoir les civils ordinaires des stratégies de résistance opérantes. Ce chapitre, écrit dans une langue où l'émotionnel prend le pas sur le rationnel, est une illustration éloquente du biais idéologique, que les auteurs reconnaissent à demi-mots dans la postface de leur ouvrage (Amoudruz et Gavard, *op. cit.*, p. 455).

en compliquant le ravitaillement des villes qui déjà souffrent de dures restrictions et de sévères pénuries.

À côté de ces deux groupes, il y eut aussi la Brigade Rouge Internationale (BRI) qui se forma tardivement en juin 1944[149] et qui eut une brève existence. Constituée d'éléments en rupture de ban, venant le plus souvent des FTP[150], elle était dirigée par un communiste, passé par l'AS, au tempérament impétueux et incontrôlable, Léopold Martin (alias commandant Amiot). La Brigade était constituée de ce que l'on pourrait appeler des corps francs, c'est-à-dire des petits groupes d'individus qui opéraient en parfaite autonomie. Leur comportement s'apparentera très souvent à celui de soudards aveuglés par leur idéologie anarcho-communiste, fréquemment alcoolisés, comme le jour où ils abandonnèrent la surveillance du pont Carnot sur le Rhône. L'AS aura aussi ses corps francs, dont le plus actif en Haute-Savoie fut le corps franc Simon, commandé par un jeune homme de 18 ans, François Servant[151]. Ce dernier trouvera la mort dans une embuscade fin janvier 1944.

Il existait par ailleurs plusieurs publications clandestines qui circulaient secrètement dans la population. Parmi celles-ci, on peut citer *Combat*, édité et imprimé par les établissements Grandchamp à Annemasse. Le réseau de résistants catholiques était, quant à lui, informé par *Témoignage chrétien* qui se diffusa dès 1941 et qui contenait des informations de première main, venant de prêtres, notamment sur le sort des Juifs[152]. L'abbé Camille Folliet et l'abbé

---

[149] Robert Amoudruz, *La B.R.I du commandant Amiot : Histoire de la Brigade Rouge Internationale de Savoie*, 321 p.

[150] Certains membres de la BRI étaient d'anciens de la compagnie FTP Liberté Chérie. Cette dernière était dirigée par un certain Lamouille, dont le comportement vis-à-vis de la population sera sévèrement critiqué par l'abbé Truffy dans ses Mémoires.

[151] Claude Barbier, *Mourir à 19 ans : François Servant et le corps franc Simon*, 518 p.

[152] Esther Deloche, *op. cit.*, p. 474.

Truffy seront, avec le Père Favre, les figures emblématiques de la résistance des prêtres.

Enfin, à partir de 1943 se développera le Noyautage des Administrations Publiques (NAP) composé d'une multitude de fonctionnaires, grands et petits, qui, à leur niveau, ralentiront l'action du Gouvernement et utiliseront leurs moyens pour aider à faire des faux papiers ou autres documents utiles. Implantés dans les douanes, les postes et télécommunications, les sous-préfectures, les municipalités, ces personnes anonymes prendront de très gros risques et paieront parfois de leur vie leur engagement.

La descente aux enfers

Les Maquis qui se constituent au cours de l'année 1943 sont essentiellement composés de réfractaires au STO dont la motivation principale est, dans un premier temps, de se soustraire à la réquisition. Au hasard des rencontres, ils vont incorporer des Maquis AS ou FTP. À ce moment-là, les Maquis sont mal équipés et très peu armés. La vie au maquis est dure et la principale occupation est de trouver du ravitaillement dans un contexte de grande pénurie. Ces jeunes sont très souvent étrangers à la montagne et ils vont souffrir de la faim, du froid et aussi de l'ennui. De plus, ils n'ont pas fait de service militaire – pour cause d'armistice – et ignorent tout du maniement des armes. Certains sont arrivés avec des souliers et des vêtements de ville qu'ils garderont longtemps, jusqu'à ce qu'on leur fournisse une tenue adéquate. Les conditions d'hygiène sont précaires, il n'y a pas partout des points d'eau facilement accessibles. Les soins nécessaires, en cas de blessure ou de maladie de tout type, sont aussi rudimentaires et peu efficients. Plusieurs films documentaires[153] ont été consacrés à l'interview de ces maquisards qui, devenus âgés, témoignent de leur engagement, de leur vie et de cette

---

[153] Voir liste des films documentaires en fin d'ouvrage.

partie de leur jeunesse que le destin leur a volée. Presque tous disent n'avoir pas eu conscience du danger qu'ils couraient.

Deux témoignages de maquisards FTP nous paraissent intéressants à développer pour illustrer la diversité du recrutement des Maquis. Le premier, Jean-François Mauveaux, est un jeune homme de 18 ans qui n'est pas directement concerné par le STO. Il n'est pas du tout politisé, mais souhaite s'engager dans l'action. Originaire de Vesoul, il va rejoindre la compagnie FTP de Servoz avec laquelle il va se livrer à de nombreux sabotages, notamment sur l'usine de Chedde qui fabrique de l'aluminium et de précieux métaux pour l'industrie allemande. Il raconte aussi dans le détail la mission d'élimination d'une délatrice qui lui fut confiée et qu'il assassina d'une balle de revolver entre les deux yeux. Son parcours hors norme le conduit, après la libération de la Haute-Savoie, à poursuivre l'aventure jusqu'à Berlin, dans l'armée de de Lattre de Tassigny. Dans son ouvrage autobiographique, il confesse avoir fait la rencontre d'un officier américain qui, admirant son courage, sa volonté et son ambition, lui aurait proposé de l'emmener aux États-Unis après la guerre. Il ne donnera pas suite à cette proposition, mais avouera, avec une pointe de regret, que s'il avait accepté, il « *serait allé beaucoup plus loin* » dans sa vie[154]. Les États-Unis se sont en effet construits à partir d'un tri sélectif. Les immigrants qui débarquèrent dans les ports de la Nouvelle-Angleterre et plus tard à Ellis Island étaient certes pauvres, mais ils étaient aussi les plus dynamiques et les plus entreprenants. En à peine plus d'un siècle et demi, ils créeront un pays prospère et libre qui viendra plusieurs fois au secours des pays qui les avaient rejetés. C'est dans l'Histoire un des rares exemples de la revanche des pauvres.

Le second témoignage est celui de Constant Paisant, lui aussi maquisard FTP. Originaire d'Étaux, dans le secteur de la Roche-sur-

---

[154] Jean-François Mauveaux, *Parcours d'un terroriste de l'année 1944, du Maquis de la Haute-Savoie à Berlin*, p. 86.

Foron, il vient d'une famille très ancrée à gauche[155]. Touché par le STO, il rejoint fin 1943 un groupe qui évolue sur le plateau des Bornes et réalise plusieurs sabotages de la voie de chemin de fer Annecy-Le Fayet. Il participe à l'arrestation des *Canadiennes*[156] début 1944, puis, traqué par la police de Vichy au moment où l'État de siège est déclaré, son groupe décide de rejoindre le plateau des Glières pour se mettre à l'abri et peut-être aussi, pour participer à la réception des parachutages. Ils seront très bien accueillis par Tom Morel, qui leur confie la surveillance du secteur Nord-Ouest du plateau, du côté du Pas du Roc et du col de Landron. Comme on le sait, les choses ne dureront pas. Après la réception des parachutages, des accrochages avec les Allemands et la Milice surviennent, suivis d'un bombardement intensif du plateau par la Luftwaffe. Ils décrochent et reprennent leur dangereuse errance sur le plateau des Bornes, en attaquant des convois allemands sur la route La Roche-Annecy. Après la Libération du département, il poursuit les combats en Haute-Tarentaise, puis il rejoint l'armée régulière de de Lattre de Tassigny jusque dans les Vosges. Comme le témoignage précédent, son récit transpire de l'authenticité du vécu et émeut par la force des relations humaines qui se développent dans de telles circonstances.

Le point critique de la vie quotidienne des Maquis est le ravitaillement. Il nécessite d'aller au contact de la population qui peut être, ou ne pas être, réceptive à leur demande. Dans la première hypothèse, les choses se passent simplement, mais dans la seconde, le rapport conflictuel pourra engendrer des actions musclées de pillages, de vols et parfois d'agressions physiques, immédiates ou différées, pouvant conduire au meurtre du cultivateur récalcitrant. Plus tard, lorsque le Service National du Maquis sera établi (automne 1943), ceux-ci seront mieux organisés. Les directives du

---

[155] Constant Paisant, *Combattant des Glières, J'étais franc-tireur et partisan*, 285 p.

[156] Surnom donné aux inspecteurs de police du Service de Répression des Menées Anti-Nationales.

Service préconisent pour le ravitaillement de privilégier les réquisitions ou le vol des institutions gouvernementales, comme les chantiers de jeunesse, cela afin de s'insérer dans la vie locale sans trop la perturber. L'approvisionnement se fera aussi par des filières de résistants sédentaires. Les bouchers et les boulangers seront très sollicités, et certains paieront de leur vie le prix de leurs engagements[157].

À l'automne 1943, au départ des Italiens, qui dans leur lutte contre le Maquis avaient obtenu des résultats mitigés, la surveillance s'intensifie. L'hiver approchant et le débarquement des Alliés tant espéré n'ayant pas eu lieu, le moral des jeunes maquisards est à la baisse. Ils pensaient avoir pris le Maquis pour quelques semaines et ils réalisent qu'ils devront y rester beaucoup plus longtemps. Leurs actions vont malgré tout augmenter ; certaines sont justifiées par des mesures de prévention pour assurer leur propre sécurité ou par des sabotages d'usines travaillant pour l'occupant. D'autres sont inutiles et installent dans le département un climat d'insécurité qui, en certains endroits, confine à la Terreur. Dans son ouvrage intitulé Histoire de la Milice[158] – qui aurait pu s'intituler « *guerre civile en Haute*-Savoie » – Michel Germain présente scrupuleusement, sous forme d'un journal de bord, l'enchaînement chronologique de ces évènements. Cet historique, apparemment exhaustif, révèle qu'à cette époque il ne se passe pratiquement pas une journée sans qu'il ne survienne une attaque, un sabotage ou un assassinat de personnes identifiées comme collaborateurs avérés, ou plus simplement présumées, voire, dans certains cas, complètement innocentes. Les auteurs de ces faits sont le plus souvent des groupes FTP ou, plus rarement, des corps francs de l'AS qui exercent ce qu'ils

---

[157] Le boucher de Ville-en-Sallaz, Gustave Pellet, qui fournissait en viande les Maquis du Môle et des Brasses, sera arrêté et interné au Pax à Annemasse. Il décèdera après avoir été torturé et roué de coups.

[158] Michel Germain, *Histoire de la Milice et des forces du maintien de l'ordre en Haute Savoie, 1940-1945*, 507 p.

appellent la « *Police du Maquis* » et, même parfois, de manière encore plus présomptueuse, la « *Justice du Maquis* ». Ces justiciers autoproclamés seront responsables de nombreux assassinats[159]. Les gens, pour se protéger des Maquis les dénoncent aux autorités, mais, les ayant dénoncés, ils se retrouvent exposés à leurs représailles. Cet enchaînement de faits enclenche la spirale de la violence.

Suivant le principe physique qu'action implique réaction, la réplique des forces de Vichy, portée par les gendarmes, les Groupes Mobiles de Réserve (GMR) et la Milice, s'intensifie sous la pression de l'occupant, au point de créer une situation pré-insurrectionnelle. Dans ce contexte, l'Intendant général, directeur des opérations du Maintien de l'Ordre, le colonel Georges Lelong, et le préfet Charles Marion décrètent l'État de siège[160] le 31 janvier 1944. Les conséquences sont rudes pour la Résistance. Il devient de plus en plus difficile de circuler et les offensives répétées des GMR et de la Milice française, mais aussi des Allemands, deviennent nombreuses et meurtrières. À cette période, Lelong, dont le Quartier Général était installé à la Villa Mary à Annecy, a sous ses ordres 1125 gendarmes, 1006 gardes mobiles, 35 policiers du SRMAN (SPAC), 790 Groupes Mobiles de Réserve et 240 miliciens, constitués en unités et composés d'individus qui viennent de toute la France[161].

Mais les résultats ne sont pas à la hauteur des attentes des Allemands qui considèrent le Maquis, maintenant bien armé, comme une menace de première importance. L'ordre va être donné à la Wehrmacht, qui mène désormais une guerre défensive, de participer aux opérations de ratissage des Maquis avec l'instruction de s'en prendre aux populations civiles qu'ils jugent complices. Les soldats

---

[159] Dans son ouvrage, cité en référence, Pierre Mouthon dénombre 233 exécutions sommaires (p. 455).

[160] L'État de siège est un régime d'exception durant lequel le pouvoir de police des autorités civiles est transféré aux autorités militaires.

[161] Michel Germain, *op. cit.*, pp. 124-125.

allemands vont procéder à des exécutions sommaires et à des déportations d'habitants des hameaux où se cache le Maquis avec en plus, très souvent, le brûlement de leurs maisons. De tels évènements se produiront notamment au hameau de Pouilly, près de Saint-Jeoire, fin janvier 1944. L'assaut du plateau des Glières[162], auquel participent 3 bataillons de Gebirgsjäger issus du Regiment 1 de la 157e Division de Réserve de la Wehrmacht (soit environ 2 000 hommes), survient dans cette période, à la fin mars 1944.

À Annemasse, les 150 soldats allemands de la 9e compagnie de la SS Polizei Regiment Todt, arrivés le 9 septembre 1943, s'étaient installés au Pax Hôtel, avenue de la Gare, qui était aussi devenu le siège de la Gestapo[163]. Ils occuperont également le bâtiment situé de l'autre côté de la rue, que les Italiens avaient transformé en prison, dans laquelle des centaines de personnes seront incarcérées au cours de la période d'occupation. La douane allemande s'installera de son côté à l'hôtel Terminus, dans l'actuelle rue du docteur Favre. L'hiver 1944 correspond à l'arrestation du Révérend Père Favre, le 3 février, qui précède de quelques mois celle de Marianne Cohn qui, accompagnant une trentaine d'enfants juifs, sera interceptée par une patrouille de l'occupant, le 31 mai, près du village de Viry. Marianne avait succédé à Mila Racine, elle-même arrêtée par les Allemands le 21 octobre 1943. Toutes les deux travaillaient pour l'Œuvre de Secours aux Enfants (OSE) et appartenaient au Mouvement de Jeunesse Sioniste (MJS).

Le Père Favre, quant à lui, sera incarcéré à Annecy, à l'école Saint François, où il subira la torture pendant de longs mois. Il sera finalement exécuté par les Allemands le 16 juillet avec d'autres personnes, à Sacconges, sur la commune de Vieugy[164]. Marianne Cohn,

---

[162] Claude Barbier, *Le Maquis de Glières - Mythe et réalités*, 466 p.
[163] Gestapo est la contraction de **Ge**heime **Sta**ats**po**lizei. C'est une police politique.
[164] Nicole Giroud, *op. cit.*

jeune juive allemande, sera tirée de sa geôle par la Gestapo le 8 juillet, après avoir été torturée, pour être conduite à Ville-la-Grand où elle sera assassinée, à coups de pelle, avec cinq autres martyrs. Elle avait auparavant refusé le projet d'évasion proposé par le Maire, Monsieur Jean Deffaugt, pour ne pas se séparer de ses enfants qui, grâce à l'intervention du susnommé, retrouveront la liberté.

Jean Deffaugt, Maire d'Annemasse à partir de la fin 1943, est une autorité morale unanimement reconnue. Déclaré Juste Parmi les Nations par le mémorial Yad Vashem, il saura pendant toute la durée de la guerre ménager l'occupant, tout en participant activement aux réseaux de renseignements « *Gilbert* » du colonel Groussard. Sa parfaite maîtrise de la langue allemande[165], son intelligence, son courage et son humanisme lui permettront d'assumer sa responsabilité à la perfection.

Les délateurs

Comme les autres catégories de personnes, le groupe des délateurs est un composite très hétérogène.

On trouve en premier lieu des ultra-collaborateurs qui vont renseigner et même travailler pour le compte des services secrets allemands, comme l'Abwehr. Ces personnes sont principalement mues par l'appât du gain et des conditions matérielles que leur offrira leur nouveau statut. Un exemple de ce type d'individu est fourni par l'agent Guy Cazeaux qui dénonça les participants du bal d'Habère-Lullin, en décembre 1943[166]. Ce jeune homme originaire de la Gironde, après être passé par la Marine (d'où son surnom de Grand

---

[165] Au sortir de la Première Guerre mondiale, Jean Deffaugt va s'établir pour quelques années à Metz. Lorsqu'en 1935, la Sarre voisine – qui était placée sous mandat de la Société des Nations – fait le choix de redevenir pleinement allemande, il décide de rejoindre sa région natale et s'installe à Annemasse comme marchand de tissus.

[166] Claude Barbier, *op. cit.*, pp. 171-177.

marin), se mettra au service de la Sipo-SD qui l'enverra en divers endroits. Une fois leur mission accomplie, ces agents sont généralement exfiltrés de la région pour être envoyés ailleurs. Guy Cazeaux sera arrêté en mars 1947, puis traduit devant la Justice et finalement condamné à mort et exécuté en juillet 1949. À Annemasse, le droguiste G. aurait été aussi un agent de l'Abwehr.

Il y a aussi les dénonciateurs du quotidien. Ceux-ci opèrent généralement de manière anonyme en adressant des lettres aux autorités allemandes ou françaises. Leurs motivations ont souvent à voir avec la jalousie ou la rancune envers d'autres personnes auxquelles ils souhaitent porter tort. Il peut s'agir également de règlements de comptes après un contentieux mal vécu. Parfois, le but est plus simplement d'éliminer un concurrent commercial, pour arranger ses propres affaires.

Enfin, il y a les délateurs en détresse. Ceux-ci subissent au quotidien les menaces des Maquis qui leur imposent de lourds prélèvements en vivre, pour assurer leur propre ravitaillement. Pour se défendre, ils cherchent à se mettre sous la protection des autorités, mais ce faisant, ils s'exposent aux représailles du Maquis. C'est dans cette catégorie de personnes que l'on trouvera le plus grand nombre de victimes d'assassinats perpétrés par le Maquis.

On peut aussi ajouter ceux qui, sous la menace ou la contrainte de l'occupant nazi ou de ses supplétifs français, dénoncent des maquisards pour échapper à la torture et sauver leur peau. C'est ce qui semble être arrivé à Antoine R. et peut-être aussi à Joseph F., tous les deux fusillés à Annemasse le 7 septembre 1944 (voir Chapitre V).

La Milice française

La Milice française est fondée par la loi du 30 janvier 1943. Elle succède au Service d'Ordre Légionnaire (SOL) qui, lui-même, avait puisé ses troupes dans les effectifs de la Légion Française des Combattants (LFC). Cette dernière institution, qui avait été créée à l'initiative du Maréchal Pétain en regroupant les membres des différentes associations d'anciens combattants de 14-18, était le fer de lance de sa politique de Révolution Nationale, après le désastre de juin 1940. La création de la Milice répond aussi au besoin de constituer une force loyale au régime, au moment où l'armée d'armistice a disparu et où l'occupant allemand accroît ses exigences envers le gouvernement. Son commandement sera confié à Joseph Darnand[167].

En Haute-Savoie, la Milice établit son Quartier Général dans la villa des Marquisats (appelée aussi la Commanderie) à Annecy, au bord du lac, et à Thonon à l'Hôtel Savoie-Léman (aujourd'hui École Hôtelière). Ces deux lieux sont aussi des centres d'internement et parfois de supplices. Mais les séances de torture, auxquelles certains miliciens vont participer[168], sont surtout le fait des policiers du Service de Répression des Menées Anti Nationales (SRMAN)[169] qui, à Annecy, sont installés à l'Intendance. Beaucoup de ces inspecteurs de police, surnommés les *Canadiennes* en raison de leur tenue d'hiver, sont des êtres dépourvus de toute humanité qui vont céder à leurs bas instincts et se livrer aux pires exactions. Leur responsable national, Charles Detmar, qui officiera aussi en Haute-Savoie, *« s'est entouré de gens qui n'ont jamais été policiers et a recruté des fanatiques de l'anticommunisme puisés dans les chapelles extrémistes dont le zèle ne compense pas l'inexpérience policière »*[170]. Certains de ces hommes sont *« d'anciens détenus ou des individus*

---

[167] Éric Alary, *Joseph Darnand – de la gloire à l'opprobre*, 379 p.

[168] Les supplices et les sévices réalisés par la Milice sont le fait de son service de renseignement (le 2e Service).

[169] Le Service de Répression des Menées Anti Nationales a succédé au Service de Police Anti Communiste (SPAC) en 1942. À Annecy, il était installé à l'Intendance près de la caserne Galbert.

[170] Jean-Marc Berlière, *Service de Police anticommuniste (SPAC) et Service de répression des menées antinationales (SRMAN), dans Polices des temps noirs*, pp. 1146 – 1165.

Chapitre IV : La longue traversée

fanatisés et réputés pour leur cruauté, parfois opiomanes, alcooliques, nerveux et instables ». Le 13 janvier 1944, douze de ces policiers sont attrapés à La Roche-sur-Foron par une compagnie FTP, qui les séquestre. Quelques semaines plus tard, leurs corps seront retrouvés enterrés à proximité, sur le plateau de Saint Laurent. Un autre lieu redouté des maquisards est la grange Allard, aux Allinges, qui est, en quelque sorte, un PC milicien du secteur du Chablais. La maison fut attaquée, en novembre 1943, par le Maquis qui tirera sur le père de famille et sur l'une de ses filles, une adolescente de 17 ans, qui décèdera des suites de ses blessures. Par la suite, ses frères n'auront de cesse de la venger, ce qui pourrait bien expliquer, en partie, les exactions et les sévices infligés à certains de leurs prisonniers.

Ces attaques perpétuelles contre les forces de l'ordre, les policiers, les gendarmes ou les miliciens, auxquelles s'ajoutent les forces de l'occupant, sont, sur le plan militaire, vaines et inopérantes. De plus, elles génèrent un climat de psychose qui, dans la population, se traduit par une angoisse incoercible. Ces provocations suscitent, fort logiquement, une réaction des forces du Maintien de l'Ordre à la hauteur du dommage causé, et ainsi progresse l'escalade des violences.

Parmi les miliciens supposés interrogés à Annemasse, plusieurs déclarèrent avoir adhéré à la Légion Française des Combattants, puis au SOL, en précisant avoir été versés automatiquement du SOL dans la Milice française. En théorie, pour adhérer au SOL puis à la Milice, il fallait avoir prêté serment et accepté la charte de la Milice qui comportait 21 points dont la plupart, dans le contexte de l'époque et dans les milieux paysans, ne posaient pas véritablement de problème. En revanche, les points 18, 19 et 20 stipulaient que pour être milicien, il fallait être :

18 - Contre le bolchevisme. Pour le nationalisme,

19 - Contre la lèpre juive. Pour la pureté française,

20 - Contre la franc-maçonnerie païenne. Pour la civilisation chrétienne,

L'antisémitisme, comme beaucoup de choses, peut se mesurer sur une échelle qui, en l'occurrence, débute par l'indifférence pour finir par la haine viscérale du Juif. Dans le milieu des cultivateurs conservateurs et catholiques de Haute-Savoie d'avant-guerre, l'antisémitisme n'était pas vraiment un sujet, pour la raison principale que la plupart n'en connaissaient pas ou peu et que, de surcroît, le Christ en était un. Tout au plus étaient-ils indifférents. De même, ils avaient une idée très abstraite de la franc-maçonnerie qui, par son côté secret et occulte, ne cherchait pas vraiment à se faire connaître. En revanche, l'antibolchevisme, ou l'anticommunisme, était bien ancré, résultant de conflits historiques très souvent violents, comme nous l'avons vu précédemment. Attachés à la propriété privée et à la liberté, les catholiques étaient farouchement opposés à l'athéisme et au totalitarisme de la doctrine communiste. Avec le recul, on peut se dire qu'ils avaient quelques bonnes raisons de l'être et que leur bon sens était quelque peu prophétique[171]. Il faudra attendre la « *déstalinisation* », débutée en 1953, et la publication de nombreux ouvrages, comme celui de « *l'archipel du goulag* »[172], pour que les atrocités et la cruauté des régimes communistes soient révélées à la face du Monde. Alors seulement, l'anticommunisme se mettra à rimer avec humanisme.

Comme pour la Résistance, la population des miliciens de Haute-Savoie était un composite hétéroclite. On peut cependant tenter d'établir différentes catégories. Il faut d'abord distinguer les miliciens sédentaires bénévoles et les francs-gardes, permanents encasernés ou non, souvent rétribués. Ces derniers constituent la branche armée de la Milice. Parmi ceux-ci, il y avait en Haute-Savoie

---

[171] Stéphane Courtois et al., *Le Livre noir du communisme*, 846 p.
[172] L'Archipel du Goulag est un livre d'Alexander Soljenitsyne publié en 1973. Il décrit l'univers concentrationnaire dans la Russie soviétique.

une proportion importante de jeunes cultivateurs, conservateurs et catholiques, qui pensaient sincèrement que la Révolution Nationale était la solution pour relever le pays de la faillite de la Troisième République – qui, au surplus, les avait persécutés – et pour les protéger du totalitarisme soviétique. Au-dessus, il y avait l'encadrement, les chefs de trentaines, de centaines ou de cohortes[173], constituées d'idéologues parfois fanatisés. L'archétype de ce type d'individu est bien représenté par la personne de Joseph Darnand, secrétaire général et véritable chef opérationnel de la Milice française, mais aussi localement par Yves Barberoux[174], chef de la Milice de Haute-Savoie au moment de la libération du département ou encore Raoul D'Agostini, dont nous parlerons plus loin. Et puis, il y avait une masse d'opportunistes qui avaient rejoint le mouvement pour des raisons aussi diverses que celles d'échapper au STO ou de gagner un peu d'argent pour survivre[175], ou encore de se refaire une virginité judiciaire en tentant d'effacer un passé de délinquant. Parmi les réfractaires au STO, certains hésitèrent entre l'entrée dans le Maquis et l'adhésion à la Milice. Ceux qui avaient la charge de familles firent souvent le choix de la Milice pour subvenir aux besoins de leurs proches, femmes et enfants. Pour d'autres, l'entrée dans la Milice permettait de satisfaire une ambition personnelle en accédant à un meilleur statut social, ce qui fut, dans une certaine mesure, le cas de Joseph Darnand. Et puis, il y avait aussi des raisons de sécurité ; se mettre à l'abri des Maquis qui sévissaient, menaçaient et commettaient de nombreux cambriolages, pillages et meurtres. Une sorte de milice d'auto-défense en réponse au climat délétère qui s'était installé dans le département. Le plus jeune des fusillés du Grand

---

[173] Une cohorte était constituée de trois centaines.
[174] Yves Barberoux avait succédé à Gaston Jacquemin lui-même assassiné en novembre 1943. Il sera fusillé au Grand Bornand.
[175] Jean-Louis G., interrogé à Annemasse, indique toucher 3 600 et 3 700 fr par mois, comprenant ses frais d'hébergement et de restauration. La solde d'un franc garde était plus vraisemblablement de l'ordre de 2000 à 2500 francs par mois.

Bornand dira s'être réfugié à la Milice pour se mettre sous la protection de ses deux grands frères, qui seront eux aussi exécutés.

Les effectifs de la Milice en Haute-Savoie sont difficiles à établir précisément. Selon Paul Abrahams[176], il y aurait eu, au plus fort du mouvement en juillet 1943, environ 500 francs-gardes et 400 sédentaires bénévoles. Mais l'impopularité de la Milice, associée à la dangerosité d'en faire partie, va progressivement conduire à des vagues de démissions, si bien qu'après le débarquement de Normandie, il ne restera, pour le département de la Haute-Savoie, qu'un peu plus d'une centaine de francs-gardes permanents, cantonnés à la commanderie à Annecy. Les miliciens sédentaires, qui étaient les plus exposés au châtiment des Maquis, ne devaient guère être plus nombreux. Cela correspond, *grosso modo*, à ceux qui ont été jugés au Grand Bornand (97 franc-gardes), plus quelques-uns qui sont passés entre les mailles du filet. En 1944, à Annemasse, il y avait une trentaine de sédentaires très peu actifs, pour ne pas dire en léthargie. Tout comme pour le SOL, été 1941, le recrutement de la Milice fut difficile et il semble que de nombreux SOL aient été versés automatiquement dans la Milice, sans même leur consentement. C'est en tout cas ce que dit François A. et certains de ses camarades lors de leurs interrogatoires à Annemasse. Aucun d'entre eux ne rejoignit la Franc-Garde.

Lors des opérations importantes de traque des Maquis du début de l'année 1944, la grande majorité des forces miliciennes venait de l'extérieur du département. On parle de 450 miliciens pour l'opération des Glières, dirigés par Jean de Vaugelas, un Lyonnais qui avait été chef régional de la Milice à Marseille, ayant comme subalterne un certain Raoul D'Agostini qui était un ancien officier de la Coloniale passé par la LVF. Le premier intégrera plus tard la Division SS Charlemagne, puis, muni d'un passeport de la Croix-Rouge, il rejoindra l'Argentine où il mourra accidentellement en 1950. Le

---

[176] Paul Abrahams, *op. cit.*, p. 235.

second, réputé pour sa brutalité au point d'être relevé de son commandement par Joseph Darnand, sera attrapé avec sa maitresse à Lyon. Il passera en cour martiale et sera exécuté le 11 septembre 1944. D'Agostini avait aussi été impliqué dans l'attaque de Foges, dans le Chablais, en février 1944.

Comme l'armée d'armistice avait été limitée à 100 000 hommes et que les gendarmes mobiles (appelés souvent les gardes mobiles ou encore les moblots) étaient jugés peu réactifs et peu fiables, le régime avait créé les Groupes Mobiles de Réserve (GMR), en juillet 1941. Cette unité dépendait de la police (ce seraient les CRS actuelles) pour assurer des missions de maintien de l'ordre. En juillet 1944, elle comportait 12 000 hommes pour tout le territoire national. Constant Paisant (maquisard FTP), que l'on ne peut pas soupçonner de sympathie pour la Milice, indique que la plupart des arrestations de maquisards sont le fait des GMR. Il ajoute qu'ils sont souvent confondus avec la Milice : « *Lorsque les gens disent les miliciens sont arrivés ..., il s'agit le plus souvent des GMR* »[177].

La Milice fut longtemps sans armes ; les Allemands étant soupçonneux à son égard, doutant de sa loyauté et de sa capacité à combattre. Les francs-gardes de Haute-Savoie toucheront leurs premiers fusils à l'automne 1943.

La question du Parti communiste et des FTP

À la déclaration de guerre, le 2 septembre 1939, le Parti Communiste Français (PCF) est un mouvement politique encore adolescent. Fondé en 1920 à la suite de la scission de la Section Française de l'International Socialiste (SFIO) au congrès de Tours, il n'a que 19 ans d'existence et demeure inféodé au Kremlin, ce qu'il sera jusqu'à la chute de l'URSS en 1991. Une semaine avant l'entrée en guerre, le pacte germano-soviétique avait été signé, ce qui fit, *de facto,* du PCF

---

[177] Constant Paisant, *op. cit.*, p. 86.

un parti collaborationniste avant l'heure. Il en résulta son interdiction par le gouvernement présidé par le radical-socialiste Édouard Daladier. Sur ces entre-faits, le Secrétaire général du Parti communiste, Maurice Thorez, déserta l'armée française pour se réfugier à Moscou. Déchu de la nationalité française, il passera toute la guerre sous les ors du Soviet suprême. Ainsi cet homme qui aurait pu participer aux deux guerres mondiales n'en aura fait aucune.

Après la débâcle de l'armée française, puis la défaite qui intervint mi-juin 1940, la position du Parti communiste, devenu clandestin, fut conforme à son allégeance à Moscou. Il prôna dans un premier temps la neutralité et une forme de mansuétude à l'égard de l'occupant. Le journal l'Humanité, organe de presse du PCF, prit même langue avec les autorités allemandes pour tenter d'obtenir l'autorisation de reparaître. Telle fut la position accommodante du Parti communiste jusqu'à la rupture du pacte, provoquée par le déclenchement par Hitler de l'opération Barbarossa, en juin 1941. Dès lors, les communistes français se lancèrent dans des opérations de *coups de main* en assassinant des officiers ou des soldats allemands dans plusieurs villes de France. La première de ces opérations eut lieu à Paris, au métro Barbès, le 21 août.

Ces opérations, désapprouvées par Londres et la France Libre, car insignifiantes et inopérantes sur les plans tactique et stratégique, eurent pour conséquence le déclenchement d'une terrible vague de répression menée par l'occupant sur la population française. Ainsi, les forces allemandes se mirent à rafler indistinctement des civils innocents et procédèrent à des exécutions sommaires. Le tarif fixé variait peu ou prou de 50 exécutions pour l'assassinat d'un simple soldat à 100 pour celui d'un officier. Les Allemands demandèrent aussi qu'on leur livre pour exécution des otages détenus dans les geôles du Gouvernement de Vichy. Parmi ceux-ci, des communistes, dont le jeune et innocent Guy Môquet, furent exécutés, tout comme d'autres résistants de la première heure tels qu'Honoré d'Estienne d'Orves, membre du réseau de renseignement Nemrod,

Chapitre IV : La longue traversée

royaliste et proche de l'Action française, martyr de la Résistance et Compagnon de la Libération. En Haute-Savoie, l'une des premières actions FTP consista à ouvrir le feu sur un train, rempli de soldats allemands, qui se rendait d'Annemasse à Thonon, le 1er octobre 1943[178]. L'attaque, qui se produisit à la hauteur de Margencel, provoqua la mort de deux soldats. Une fois de plus, la réaction de l'occupant fut instantanée. Il rafla une vingtaine d'habitants du lieu et, arrivé à Annemasse, en arrêta une trentaine d'autres.

Il semble aujourd'hui établi que l'objectif principal des dirigeants communistes n'était pas de défendre directement les intérêts des Français, mais bien de créer, par la guérilla, un second front intérieur destiné à soulager celui de Russie, où le peuple russe combattait, il est vrai, vaillamment.

Cette stratégie fut à l'origine de nombreux crimes de guerre perpétrés par l'occupant nazi, parfois aidé de ses supplétifs français. L'exemple emblématique pour illustrer ce propos est le massacre et la destruction du village d'Oradour-sur-Glane, dans la région de Limoges, où la Division Waffen-SS « *Das Reich* » assassina dans la plus grande cruauté la totalité des habitants (643 personnes), le 10 juin 1944. Un jour auparavant, la même Division SS s'était déchaînée sur la ville de Tulle en terrorisant la population et en faisant pendre les hommes aux lampadaires de la rue principale. Pour comprendre l'enchainement de ces évènements tragiques, il faut une fois de plus, remonter un peu dans le temps.

Au printemps 1944, la 2. SS-Panzer-Division « *Das Reich* » fut engagée dans la bataille de Koursk sur le front de l'Est, où elle subit de lourdes pertes humaines et matérielles. Une partie de la Division SS, environ 2 500 hommes parmi les plus aguerris, fut ensuite envoyée dans le sud-ouest de la France, dans la région de Montauban, en partie pour lutter contre le Maquis très actif dans le secteur.

---

[178] Claude Barbier, *Crimes de guerre à Habère-Lullin*, p. 352.

Lorsque le 6 juin survint le débarquement des Alliés, ordre lui fut donné de rejoindre au plus vite le front de Normandie en tentant, si possible, d'éliminer les forces résistantes sur son passage. Après plusieurs accrochages avec la Résistance, les troupes de reconnaissance de la Division SS arrivent à Tulle le 9 juin. Les jours précédents, les FTP avaient tenté de reprendre la ville, et ce faisant, ils avaient tué des soldats allemands dont certains portaient des traces de sévices. En représailles, l'officier allemand ordonne la pendaison de 99 habitants de Tulle et la déportation de 149 autres.

Mais l'Histoire ou la mémoire officielle ne dit pas tout. En mai 2023, un vieillard sentant approcher le jour du grand départ éprouva le besoin de soulager sa conscience. Il indiqua aux autorités le lieu où une quarantaine de soldats allemands avaient été assassinés dans une forêt, près du village de Meymac en Haute-Corrèze. Ces soldats, qui avaient été capturés lors du coup de main FTP de Tulle, ont erré des jours durant avec leurs geôliers, avant que ceux-ci, ne sachant plus qu'en faire, ni comment les nourrir, décident de les éliminer[179]. D'après le jeune résistant d'alors, il y eut peu de volontaires pour asséner le coup de revolver létal dans la nuque des condamnés. Une campagne de reconnaissance des sols, destinée à localiser l'emplacement de la fosse commune dans laquelle les corps avaient été ensevelis, fut entreprise en août 2023, mais, à ce jour, aucun résultat probant n'a été rapporté.

La Haute-Savoie a échappé de peu à son Oradour-sur-Glane. Le 22 juillet 1944, une section des maquisards FTP du camp d'Abondance descend dans le village de Saint-Gingolph[180] pour passer à l'attaque du poste allemand. L'un des maquisards, jeune et peu aguerri, perd son sang-froid et tue un soldat allemand ainsi qu'une

---

[179] Article du Figaro « *Ils ont creusé eux-mêmes leur tombe* » : un ancien résistant confesse l'exécution d'une quarantaine de soldats allemands, par Éloi Passot, publié le 17/05/2023.

[180] Le village de Saint-Gingolph présente la particularité d'être à cheval sur la frontière franco-suisse.

habitante du village. S'ensuit un combat de rue à l'issue duquel la section FTP est contrainte de se replier. La réponse de l'autorité allemande fut, une fois de plus, immédiate. La compagnie SS basée à Annemasse arriva sur les lieux le 23 juillet et incendia à coup de lance-flammes la quasi-totalité des habitations du village[181]. Les habitants ne durent leur salut qu'à l'humanisme et à la désobéissance des douaniers suisses qui, en enfreignant les instructions dictées par les accords internationaux, les laissèrent entrer sur le territoire helvétique. Six des habitants, qui n'avaient pu fuir, seront exécutés sommairement par les Allemands.

Ces deux exemples, pris parmi d'autres, montrent le prix payé par les populations civiles à la suite d'actions FTP improvisées, non coordonnées et très souvent réalisées sans l'aval du commandement FFI duquel les FTP étaient, théoriquement, censés dépendre. Il faut le dire, même si cela indispose, dans bien des cas les *coups de main* FTP aggravèrent le malheur enduré par des gens simples et ordinaires, qui ne cherchaient qu'à survivre. De surcroît, comme nous le verrons plus loin, ces actions constituèrent dans certains cas de véritables crimes de guerre.

Le très catholique Chablais

Au cours de l'année 1944, la terre du Chablais fut le théâtre de nombreuses scènes de violences et de souffrances. Au-delà des combats opposant maquisards et soldats allemands, ou maquisards contre GMR et miliciens, comme à Féternes dans le pays de Gavot le 20 février ou à Foges sur les pentes du col de Cou le 22 février, il y eut des crimes de guerre, dont le plus sanglant fut l'attaque du château de Sonnaz à Habère-Lullin par la 9ᵉ compagnie SS d'Annemasse, le 26 décembre 1943. Parmi les jeunes gens réunis pour un

---

[181] André Zénoni, *Saint-Gingolph et sa région frontière dans la Résistance 1940-1945 : entre lac et montagnes du Chablais ... : haut lieu de la Résistance française*.

bal de fin d'année, vingt-cinq furent sauvagement et cruellement assassinés, avant que leurs cadavres ne soient brûlés, et six autres furent déportés, à la suite de la dénonciation d'un indicateur extérieur au département travaillant pour l'Abwehr[182].

Le Chablais mérite donc que l'on s'attarde plus longuement sur les évènements qui s'y sont déroulés. En effet, un nombre important de jeunes miliciens cultivateurs exécutés au Grand Bornand provenait de cette région. En particulier d'un secteur composé de quelques communes, à savoir Fessy, Draillant, Brenthonne avec au milieu le village de Cervens.

Au XVIe siècle, lors de la Réforme (1530-1545), le Chablais avait été converti au protestantisme par les Bernois qui occupèrent la région. Face à cette lame de fond et à la suite du concile de Trente (1545-1563), les Papes successifs avaient déclenché la Contre-Réforme, mouvement destiné à endiguer la propagation de cette nouvelle religion et à reconquérir les territoires perdus. Dans le Chablais, cette mission fut confiée à François de Sales, évêque de Genève résidant à Annecy, qui sera plus tard canonisé. Par l'instauration de débats contradictoires et grâce à sa persuasion et à sa douceur, aidé, il est vrai, par le duc Charles-Emmanuel Ier aux méthodes moins conciliantes, il réussit à reconvertir une grande partie des Chablaisiens au catholicisme. Ce puissant mouvement de réaction et la rénovation doctrinale qui l'accompagna provoquèrent un renouveau spirituel et donnèrent, entre autres choses, naissance à un nouveau courant artistique : l'art baroque. Il s'agissait d'attirer les fidèles par le « *beau* » en opposition à l'austérité des temples protestants. Il existe toujours en Haute-Savoie de magnifiques églises et chapelles témoins de cette période, situées pour beaucoup dans la haute vallée de l'Arve, comme à Cordon, Combloux ou encore Saint Nicolas de Véroce.

---

[182] Claude Barbier, *Crimes de guerre à Habère-Lullin*, pp. 61-185.

Chapitre IV : La longue traversée

Au cours des siècles qui suivirent, et en dépit des vicissitudes (Terreur de 1793, lois de séparation des Églises et de l'État), la ferveur religieuse du Chablais se maintint. On parlait alors du *« très catholique Chablais »*. Bien entendu, tout le monde ne se satisfaisait pas de l'aura et de l'emprise du clergé et, dans certains villages du Bas-Chablais ou du pays de Gavot, la communauté était divisée entre les catholiques (calotins ou culs blancs) d'un côté, et les anticléricaux de gauche (culs rouges) de l'autre. Cet équilibre perdura jusqu'à l'arrivée d'un homme, Albert Boccagny. Cet ancien combattant de la guerre de 14-18 avait travaillé, au sortir de la guerre, en Isère, dans une usine contribuant à la défense nationale[183]. À cette occasion, il avait découvert la classe ouvrière et le syndicalisme, si bien que quand le Parti communiste éclosit, en 1920, il rejoignit naturellement le mouvement. Ses convictions renforcées par un voyage Potemkine en URSS – dont seul le Soviet suprême avait le secret –, il revint enthousiaste à Cervens reprendre son activité de cultivateur. Apprécié par une grande partie de la population, il fut élu Maire de Cervens de 1935 à 1971, avec une interruption pendant la guerre au cours de laquelle il fut, par malheur, déporté à Buchenwald. À son retour, son audience s'élargit au point qu'il devint même député, pendant une brève période après la Seconde Guerre mondiale, et ses idées essaimèrent dans plusieurs communes du Bas-Chablais. Autour de Cervens[184] s'était constitué un foyer communiste, dont il reste encore des traces aujourd'hui, et les antagonismes, dans un contexte de fin de Troisième République, étaient vifs dans la population. Cette situation explique en grande partie la présence de douze francs-gardes de ce secteur dans la liste des

---

[183] Le Maitron, *Albert Boccagny*, (https://maitron.fr/spip.php?article16978)

[184] Cervens est une petite commune d'environ 1200 habitants, située à 22 km au nord-est d'Annemasse. Par tradition ou par atavisme, ses habitants votent majoritairement communiste depuis des générations. La place du village avait été baptisée *« place Rouge »*.

miliciens fusillés au Grand Bornand en août 1944[185]. L'assassinat du curé de Fessy dans la période qui suivit la libération (27 novembre 1944) est une autre manifestation du climat délétère qui régnait dans ce secteur, où de nombreuses attaques s'étaient déroulées.

Au cours de cette période d'occupation, le Chablais aurait pu et aurait dû demeurer une terre désarmée et apaisée. En effet, situé aux confins du département et complètement enclavé, il constituait à l'époque un cul-de-sac. Son territoire n'était traversé par aucune voie de communication d'intérêt stratégique et, de surcroît, il n'abritait point d'industries d'importance, comme dans la vallée de l'Arve ou dans le secteur d'Annecy. Mais les jeunes qui affluèrent des quatre coins de France pour échapper au STO furent très souvent pris en main par des idéologues qui profitèrent de leur ingénuité et de leur crédulité pour les embrigader dans leur cellule politique. L'auraient-ils fait s'ils avaient eu connaissance des atrocités commises quelques années auparavant, lors des tristement célèbres procès de Moscou ? Toujours est-il que le climat de Terreur qui régna dans le Bas-Chablais à cette période fut largement causé par les actions inconsidérées de FTP et autres corps francs, qui comprirent un peu tardivement que la seule stratégie pertinente consistait à monter en altitude, pour se mettre à l'abri de l'occupant allemand et de ses supplétifs français. C'est d'ailleurs ce que firent les FTP du val d'Abondance ainsi que ceux de la Haute vallée de l'Arve qui, installés sur les hauteurs de Servoz, pouvaient se replier sur le désert de Platé ou sur les chalets de Sales, en passant par les chalets d'Ayères et le col du Dérochoir[186]. Par ailleurs, le nombre important de maquisards dans le secteur fit porter aux paysans locaux le lourd fardeau de leur ravitaillement.

---

[185] Claude Barbier, *Valeurs spirituelles et engagement, diversité et oppositions : vote communiste et adhésion à la Milice dans le Chablais*, pp. 23-30.
[186] Jean-François Mauveaux, *op. cit.*, p. 63.

Chapitre IV : La longue traversée

Libération d'Annemasse et de la Haute-Savoie

À partir du débarquement des Alliés en Normandie, le 6 juin 1944, l'espoir renaît et l'activité de la Résistance va encore s'intensifier. L'adhésion aux Maquis va subir une augmentation spectaculaire qui va encore alourdir la charge supportée par les paysans. Les prélèvements de vivres vont se faire plus fréquents et plus importants pour nourrir tous ces jeunes citadins, dont l'employabilité semble, pour certains, bien hypothétique. Il faut en effet plusieurs semaines, voire plusieurs mois, pour former un maquisard apte au combat.

Certains gendarmes et GMR passent du côté de la rébellion. Le Comité National de la Libération (CNL) va se transformer en Gouvernement Provisoire de la République Française (GPRF), le 3 juin 1944, avec à sa tête le général De Gaulle, chef incontesté. Auparavant, en février 1944, les différentes forces résistantes avaient été réunies pour former les Forces Françaises de l'Intérieur (FFI), dont l'emblématique général Pierre Koenig prendra la tête. En Haute-Savoie, le commandement des FFI sera assuré, à partir du mois de juin, par Joseph Lambroschini[187] (alias Nizier) qui essaiera, non sans peine, d'affermir son autorité et de renforcer la cohésion de la troupe. Plusieurs parachutages d'armes et de munitions vont avoir lieu, dont le principal aux Glières le 1er août, qui donnera lieu à des dissensions entre AS, FTP et BRI au sujet de la répartition des équipements reçus. Le SOE anglais avait été longtemps réticent à fournir des armes aux organisations de résistance d'obédience communiste. Le débarquement des troupes alliées en Provence étant prévu le 15 août, Nizier ordonne la mobilisation générale des FFI le 11 et le 15 août, il sonne l'hallali. Évian et Saint-Julien seront les premières villes libérées le 16 août, Thonon suivra le 17, Annemasse et Cluses

---

[187] Joseph Lambroschini (alias Nizier) était alors un jeune lieutenant-colonel des Forces Françaises Libres de 31 ans. Il fera par la suite une carrière de diplomate et deviendra Ambassadeur de France dans plusieurs pays.

les imiteront le 18 et, finalement, Annecy et le département se débarrasseront définitivement de l'occupant le 19 août.

La Haute-Savoie se libère grâce aux seules forces unies de la Résistance, même si l'appui des opérateurs radio anglais parachutés les jours précédents joua un rôle essentiel. À cette *auto-libération*, il y a plusieurs raisons. La première, évidente, est que le département concentre un grand nombre de forces résistantes désormais bien armées. On estime à près d'un millier le nombre d'hommes aptes au combat et prêts à passer à l'offensive. La deuxième est, une fois de plus, liée à la géographie. La Haute-Savoie est un petit coin de France enclavé et en cul-de-sac, à l'écart des grands axes de communication, qui ne constitue pas un territoire véritablement stratégique. Contrairement à la vallée de la Maurienne et à la vallée de la Tarentaise en Savoie, où les combats dureront jusqu'à la mi-novembre et même jusqu'au printemps 1945, pour les zones de hautes montagnes[188], il n'y a pas de voies de communication foncièrement vitales avec l'Italie du nord, encore occupée par les Allemands. Dans la vallée du Rhône, la Résistance va grandement faciliter la progression des troupes alliées qui atteindront les grandes villes de Grenoble (22 août) et de Lyon (3 septembre), beaucoup plus rapidement que prévu initialement.

Enfin, la troisième raison est que les Allemands, sentant l'étau se resserrer depuis le débarquement de Provence, avaient en partie quitté les lieux. À Annemasse, une partie de la troupe et ses officiers allemands avaient négocié avec le Maire Jean Deffaugt leurs passages en Suisse, où ils seront désarmés, contre la libération de prisonniers. Le 18 août, il ne reste qu'une soixantaine de soldats allemands de la 9ᵉ compagnie du 3ᵉ bataillon de la SS-Polizei du

---

[188] Les combats dans le massif du Mont Blanc dureront jusqu'au printemps 1945, notamment dans le secteur du refuge Torino où maquisards et Gebirgsjäger s'affronteront :
https://www.memoire-des-alpins.com/historique-des-troupes-alpines/1944-1945-2/bataille-des-alpes/mont-blanc/

Chapitre IV : La longue traversée

Regiment Todt retranchés dans le Pax Hôtel. Les FFI vont arriver tôt le matin de Saint-Julien, d'Arthaz et de Cranves Sales pour l'AS et de Juvigny et de Mornex pour les FTP. Il y aura quelques échanges de coups de feu pendant que le Maire Jean Deffaugt et le capitaine Ranguin (chef des FFI du secteur) négocient la reddition de la garnison allemande. Les Allemands du lieutenant Klein se rendront vers 10h30 avec la promesse d'être traités en prisonniers de guerre. Ils seront internés à la caserne de gendarmerie. Aucune victime ne sera à déplorer[189]. Dans un témoignage sonore enregistré par la Radiotélévision Suisse romande, le capitaine Ranguin explique le détail des opérations[190].

Un groupe de FTP, ignorant les ordres du commandement FFI, eut l'intention de boucler la frontière en remontant la rivière du Foron, ce qui aurait compromis les accords passés avec les Allemands et, par voie de conséquence, menacé la vie des personnes encore détenues dans la prison du Pax[191].

La libération met fin à plus d'une année et demie d'occupation italienne et allemande. Selon le bilan établi par Michel Germain[192], 459 résistants auraient été tués durant cette période par les Allemands et les forces de Vichy (police, gendarmerie, GMR, Milice), tandis que dans le camp adverse, 514 individus (soldats allemands, forces de maintien de l'ordre, collaborateurs, miliciens) l'auraient été par la Résistance. Parmi ceux-ci, 236 civils dont pour beaucoup la culpabilité n'était pas clairement établie. Ma tante qui, à cette époque, était une jeune fille de douze ans habitant Saint-Cergues, me disait qu'il ne se passait pas une semaine sans que l'on trouve le

---

[189] Robert Amoudruz et Guy Gavard, *op. cit.*, pp. 387-407.
[190] Témoignage Ranguin, Archives de la Radiotélévision Suisse.
[191] Le détail des opérations de la libération d'Annemasse a fait l'objet d'une exposition conçue par l'association « *Esprit de Résistance dans la Région Annemassienne* ».
[192] Michel Germain, *Le prix de la liberté*, p. 373.

corps d'une personne morte sur le bas-côté de la route ou au milieu des champs.

Dans les jours qui suivirent la libération d'Annemasse, les corps des martyrs de Vieugy, le Père Louis Favre et ses compagnons Charles Francillon, Albert Curioz et Émile Millet sont rapatriés. Une cérémonie solennelle est organisée pour leur inhumation au cimetière d'Annemasse où un monument sera érigé à leur mémoire

Chapitre V : Catharsis à bon compte

La violence est injuste d'où qu'elle vienne –
Jean-Paul Sartre

L'Épuration sauvage ou la loi du Talion

La Libération ouvre une période qui va s'avérer très douloureuse pour une partie de la population française. Les règlements de compte vont prospérer et la chasse aux collaborateurs va se développer tous azimuts. Les violences et les abominations perpétrées par l'occupant nazi et ses supplétifs français vont, pour certains, justifier l'emploi des mêmes méthodes à leur encontre : c'est ce que l'on appelle la loi du Talion.

Cette période d'épuration sauvage, menée bien évidemment dans un cadre extra-judiciaire, va donner lieu aux pires exactions, et des collaborateurs, présumés ou avérés, vont mourir dans d'atroces circonstances. On peut comprendre que le désir de vengeance ait animé ceux qui avaient subi et souffert de la cruauté de leurs bourreaux. Ce qui est plus difficile à entendre, ce sont les motivations personnelles, parfois intéressées voire crapuleuses, et surtout les projets politiques cachés. Ainsi, de nombreuses personnes qui n'avaient porté aucune arme, furent liquidées sans autre forme de procès. Après les premières estimations fantaisistes de l'immédiat après-guerre, les historiens reconnus se sont accordés sur une fourchette variant de 9 000 à 10 000 assassinats directement liés à l'Épuration, accompagnés de 20 000 femmes tondues et humiliées sur la place publique[193]. Il serait trop long d'énumérer la liste des différents faits et règlements de compte qui, au demeurant, ne sont pas tous connus. Le lecteur intéressé par le sujet pourra utilement se reporter à différents ouvrages traitant de la question, dont celui de Michel Germain[194], ou encore à l'étude de Herbert Lottman[195].

Et puis, il y eut les innombrables « *bavures* », le plus souvent intentionnelles, où des innocents furent trucidés de sang-froid. Les anciens de la région connaissent tous l'histoire de l'épicier de Bonne-sur-Menoge qui fut, avec sa femme enceinte, abattu d'une balle, le tout devant leurs neuf enfants. La même balle tua trois personnes innocentes. Sa faute : avoir été le frère d'un milicien notoirement connu, fervent soutien du régime de Vichy.

Il y a aussi le boucher de Servoz, abattu sur la place publique du village, devant sa femme enceinte, par un groupe de FTP. Son forfait supposé : avoir une fois refusé de céder de la viande à un maquisard. Un des résistants du groupe des assassins, qui ne voulant pas prendre part au massacre se contenta de monter la garde, évoque la scène, bien des années plus tard, face à la caméra[196]. Le ton de sa voix est mal assuré, les mots peinent à sortir de sa bouche et l'expression faciale du locuteur indique confusément un sentiment de

---

[193] Henri Amouroux, *La grande histoire des Français après l'occupation, Tome IX : Les règlements de comptes 1944-1945*, pp. 63-99.
[194] Michel Germain, *op. cit.*, pp. 411-479.
[195] Herbert Lottman, *l'Épuration 1943-1953*, pp. 233-242.
[196] Denis Chegaray et Olivier Doat, *L'Épuration en Haute-Savoie 1944*, documentaire télévisé.

honte et de déshonneur, empreint de culpabilité. Beaucoup plus tard, au soir de sa vie, cet homme rassemblera ses souvenirs dans un livre[197] émouvant de sincérité et d'authenticité. Il s'avèrera que la véritable cause de l'assassinat du boucher était liée à un concurrent commercial qui souhaitait l'éliminer. Le même résistant racontera aussi, avec courage, pudeur et regrets, les tortures qu'ils faisaient subir aux miliciens qui tombaient entre leurs mains, allant jusqu'à leur couper les oreilles avant de les achever en les enterrant vivants[198]. Selon ses dires, une douzaine périrent de cette façon.

Il y eut également des contestations de décisions de justice ou des manifestations de défiance. Des individus en attente de leur procès ou fraîchement jugés seront sortis de leur prison et liquidés sur le champ. Ce sera le cas du préfet Charles Marion et de l'Intendant de Police, le colonel Georges Lelong, exécuté le 16 novembre 1944. Tous deux avaient été condamnés à la peine de mort et attendaient une hypothétique grâce présidentielle, qui avait bien peu de chance de leur être accordée. D'autres relaxés ou condamnés à de courtes peines seront liquidés à leur sortie de prison ou à leur retour à leur domicile. L'enquête du ministère de l'Intérieur réalisée en 1948, dont Pierre Mouthon présente le résultat, indique que 41 personnes ont été sommairement exécutées dans l'immédiat après-guerre[199]. Ce chiffre ne comprend pas les personnes disparues dont on n'a pas retrouvé le corps, ni celles dont la mort n'a jamais été déclarée.

Et puis il y eut les prêtres, suspectés d'avoir encouragé de jeunes miliciens et, pour certains, de les avoir aidés dans leurs opérations. Cinq seront froidement abattus dans les mois qui suivront la Libération. L'un d'entre eux sera retrouvé dans le lit de la rivière des

---

[197] Jean-François Mauveaux, *op. cit.*
[198] *Ibid.*, p. 72.
[199] Pierre Mouthon, *Haute-Savoie 1940-1945, Résistance, Occupation, Collaboration*, p. 437.

Usses, après que son corps fut précipité du pont de la Caille[200]. Il est fort possible qu'en chaire, ou dans le secret du confessionnal, ces ecclésiastiques aient fait preuve de prosélytisme et de sympathie pour le régime de Vichy, mais pour certains athées idéologisés, qui ne connaissent pas les missions d'un pasteur, parler à un milicien était déjà une faute impardonnable.

Les enquêtes de police, quand il y en eut, ne débouchèrent sur aucune inculpation. Il est vrai que le contexte et l'atmosphère de l'époque ne poussaient guère les enquêteurs aux excès de zèle et que les potentiels témoins restèrent, par prudence, le plus souvent murés dans leur silence. Cependant, dans nombre de cas, la signature portait des traces de rouge, indiquant clairement la motivation politique. Dans l'une de ces affaires[201], un témoin signala avoir vu s'enfuir des individus vêtus d'un foulard rouge, suggérant ainsi l'implication de la Brigade Rouge Internationale[202].

Le général De Gaulle avait passé toute la période de la guerre à lutter pour se faire reconnaître par les Américains comme l'unique chef de la France libre. Pour asseoir sa légitimité, il avait souhaité la présence du Parti communiste et des syndicats dans le Conseil National de la Résistance, pensant que ces derniers seraient moins impétueux à l'intérieur qu'à l'extérieur. Mais la Libération survenue, le Parti communiste se lance dans une guerre de subversion visant à déstabiliser le pouvoir par la force pour en faciliter sa conquête, et qui se matérialisera par l'élimination d'opposants politiques. Le Général devra intervenir directement pour rétablir la légalité républicaine, comme à Marseille où Raymond Aubrac, résistant et sympathisant communiste, fusille et gracie sans compter, et surtout sans se soucier de l'autorité judiciaire, ni des prérogatives du Chef de

---

[200] Esther Deloche, *op. cit.*, p. 564.
[201] Il s'agit de l'assassinat du curé de Cercier, perpétré à la suite à son enlèvement du 4 décembre 1944.
[202] Esther Deloche, *op. cit.*, p. 560.

l'État. C'est « *l'Épuration au village* », diront certains. Pareille situation se reproduisit à Toulouse où Serge Ravanel (FTP) et des factions armées s'étaient illégalement arrogé un pouvoir démesuré. Le général De Gaulle, passant en revue la troupe des résistants et constatant le nombre impressionnant de gradés, fera cette remarque ironique : « *Vous avez aussi appris à coudre, dans le maquis ?* »

Aussi, pour ne pas laisser trop longtemps des groupes armés hors de contrôle, les FFI furent, à partir du mois de septembre, progressivement dissoutes et désarmées, en invitant les volontaires à rejoindre l'armée régulière pour poursuivre le combat. Seuls 30% des maquisards le firent. Le général Leclerc, qui sera le premier à atteindre le nid d'aigle à Berchtesgaden, aura des mots très durs à leur égard. Il dira : « *FFI, estimation d'ensemble… 10 % de très bons, braves et réellement combattants, 20 à 25 % acceptables. Le reste, racaille et fumisterie* »[203]. Les milices patriotiques devenues gardes patriotiques sous la férule du Parti communiste seront aussi dissoutes, non sans mal, à partir de la fin du mois d'octobre 1944.

L'État de Droit

La restauration de l'État, qui fut forcément longue et laborieuse, passa d'abord par l'installation de commissaires de la République régionaux. La Haute-Savoie dépendait de la région Rhône-Alpes (R1) administrée par Yves Farges, un résistant de la première heure, journaliste et sympathisant communiste de 45 ans, qui trouvera la mort dans un accident de voiture en URSS, en 1953. De lui dépendaient directement les Comités Départementaux de Libération (CDL). Celui de Haute-Savoie sera dirigé par Georges Guidollet (alias Ostier), un résistant de 24 ans, originaire de Montceau-les-Mines, membre du mouvement Francs-Tireurs de Jean-Pierre Lévy, qui était dans les MUR et donc affilié à l'AS. Faisant office de préfet,

---

[203] Philippe Masson, *Histoire de l'Armée française*, p. 350.

Guidollet sera remplacé à ce poste, dès le 6 septembre, par Irénée Révillard, un natif de Neuvecelle, ancien des Glières, grand serviteur de l'État, qui assurera cette fonction jusqu'en 1948. Cette structure administrative se déclinait à l'échelle locale, ou cantonale, par des Comités Locaux de Libération (CLL). Celui de la région d'Annemasse était dirigé par Louis Simon (SFIO), qui sera maire de Gaillard pendant de nombreuses années après-guerre. En parallèle, il y avait l'organisation militaire des FFI, qui, en Haute-Savoie, était commandée par Joseph Lambroschini (alias Nizier), un officier des Forces Françaises Libres de 31 ans, membre du réseau *Gallia*, qui fera plus tard une carrière de diplomate. Pour traiter les questions de l'Épuration judiciaire, des commissions locales se mirent en place sous l'autorité des CDL. À Annemasse, les délégués de cette commission seront les lieutenants Baz (FTP) et Roth (AS), accompagnés de Vittoz, un FTP représentant le CDL. Chaque corps de métier aura sa propre sous-commission.

Les trois cours martiales qui se sont tenues en Haute-Savoie entre août et octobre 1944 l'ont été dans le cadre d'une juridiction militaire d'exception, telle que l'avait définie l'ordonnance prise le 3 juin 1944[204] par le Gouvernement Provisoire de la République Française (GPRF). En ce sens, elles sont donc bien légales et s'inscrivent dans le cadre de l'État de Droit, même si beaucoup les ont jugées illégitimes.

Le concept d'État de Droit, qui exprime le primat du Droit sur le pouvoir politique, est toutefois une notion plus difficile à apprécier qu'il n'y paraît. En effet, il ne dit rien sur la nature du Droit lui-même. La plus reculée des tribus amazoniennes vit sous les règles d'un Droit qualifié de coutumier. C'est aussi partiellement le cas de certaines communautés des territoires français d'Outre-Mer. Par ailleurs, nombre de pays musulmans vivent sous une loi appelée la Charia. Toutes les communautés ont donc leurs Droits, qui parfois

---

[204] Jacques Dallest, *op. cit.*, pp. 137-139.

sont très éloignés des standards énoncés dans la toute théorique Déclaration Universelle des Droits de l'Homme, elle-même très largement inspirée des Dix Commandements énoncés par la Bible. Les cours martiales organisées dans les jours et les semaines qui suivirent la libération étaient loin de répondre aux exigences élémentaires d'un Droit juste et conforme au Droit humain (absence de preuves formelles, absence du contradictoire, impossibilité de recours, etc.). Dans bien des cas, il s'agira plus de procès politiques menés sous la pression de certains groupes que de véritables décisions de Justice.

Le Gouvernement Provisoire de la République Française n'avait pas sous-estimé le risque d'emballement répressif qui allait se déchaîner les semaines qui suivirent la Libération. Les cours de justice seront installées dès le mois de novembre 1944, mettant ainsi fin à la juridiction militaire, en espérant clore cette période d'Épuration sauvage qui, souvent, par pudeur, est qualifiée d'extra-judiciaire. À partir de cette date, celle-là baissera très nettement en intensité, même si elle subira une recrudescence perceptible au retour des prisonniers et des déportés, au printemps 1945. Elle ne disparaîtra totalement que bien des années plus tard. La dissolution des FFI et le rappel des armes, qui mit longtemps à se réaliser, s'inscrivaient aussi dans cette volonté de contenir les violences physiques et de réduire le nombre des assassinats.

Mais l'État de Droit a des limites, car il nécessite, pour régner, que l'Autorité soit en mesure de le faire respecter, ce qui, semble-t-il, ne fut pas toujours le cas dans les semaines qui suivirent la libération. De surcroît, la condition supplémentaire au rétablissement du Droit réside dans la volonté qu'a l'Autorité de le voir appliqué. Les responsables des exécutions du Grand Bornand et d'Annemasse diront, pour justifier leurs décisions, qu'en l'absence de condamnations, la foule devenue violente et parfois hystérique n'aurait pas pu être maîtrisée et que des assassinats se seraient produits ultérieurement. Étaient-ils sincères ? Ce faisant, ils admettaient implicitement que leurs décisions n'étaient pas uniquement fondées sur les règles du Droit. En outre, les nouvelles autorités n'avaient-elles vraiment pas les moyens de calmer les foules et de surveiller sérieusement l'accès aux cellules des détenus ? Un maquisard qui accompagnait les miliciens d'Annecy sur la route du Grand Bornand dira qu'à leur arrivée à Faverges, la foule s'en prit à eux. Pour dompter cette foule, il lâcha une rafale de mitraillette dans les airs et le calme revint instantanément. Aujourd'hui aussi, lorsque se développent dans certains quartiers de France de violentes émeutes, l'Autorité préfère souvent reculer plutôt que d'affronter les insurgés en en payant le prix[205].

Crimes de guerre

La notion de crime de guerre répond à une définition très précise. Il s'agit d'une violation du Droit de la guerre établi par les Conventions de Genève, plusieurs fois révisées (1864, 1906, 1929, 1949, 1977 et 2005). Celles-ci comprennent de nombreuses obligations, parmi lesquelles celle de devoir traiter avec humanité et dignité les prisonniers de guerre de l'armée adverse. Une autre obligation fondamentale est de ne pas s'en prendre aux civils, en particulier aux plus faibles, les femmes et les enfants.

Les crimes de guerre commis par l'occupant allemand pendant la période de 1940 à 1944 en Haute-Savoie ont été très nombreux, tant sur la population civile que sur les groupes armés. Ces faits ont été relatés par plusieurs auteurs[206]. En ce qui concerne les exactions (sévices, tortures, meurtres) perpétrées par le régime de Vichy – Police (SMARN) et parfois Milice – elles pourraient être qualifiées de crimes d'État. Ceux-ci furent multiples et conduisirent, en Haute-

---

[205] Georges Bensoussan et al., *Les territoires perdus de la République*, 238 p.
[206] Voir les publications de Claude Barbier, Michel Germain et Pierre Mouthon citées à la fin de cet ouvrage.

Chapitre V : Catharsis à bon compte

Savoie, à la mort de plusieurs dizaines de personnes. Ils furent exposés dans plusieurs publications[207].

De l'autre côté, comme on l'a vu précédemment, les exactions commises par les Maquis à l'encontre des miliciens ou des collaborateurs soupçonnés furent aussi légion, mais elles furent beaucoup moins rapportées. À notre connaissance, seul Jean-François Mauveaux, maquisard FTP évoqué plus haut, eut le courage et l'honnêteté d'aborder le sujet dans son livre autobiographique[208] et dans le documentaire télévisé cité plus haut[209]. Dans son livre, il écrit : « *Nous torturons et exécutons des miliciens avec des méthodes que je n'ose raconter. [...]. Les miliciens sont responsables de choses atroces sur nos copains, alors quand on en chope un, c'est l'équivalent* »[210].

Mais un fait d'une gravité extrême, très souvent passé sous silence, se produisit le 2 septembre 1944[211]. En matinée, un groupe de 40 soldats allemands fut sorti de sa geôle et conduit à Saconges, près d'Annecy, lieu où l'occupant nazi avait l'habitude d'assassiner les personnes dont il voulait se débarrasser. Par groupe de cinq, ces soldats furent fusillés, après qu'il leur fut demandé de creuser leurs propres tombes. Un prêtre catholique et un pasteur allemand[212] pourront les assister avant leurs derniers soupirs et relateront ultérieurement les circonstances de ce drame. L'après-midi du même jour, 40 autres soldats allemands internés à Saint-Pierre-de-Rumilly (aujourd'hui Saint-Pierre-en-Faucigny) furent conduits à Habère-Lullin, sur le lieu du terrible massacre du 26 décembre 1943. Ces militaires subirent le même sort que leurs compatriotes du

---

[207] Michel Germain, *op. cit.*
[208] Jean-François Mauveaux, *op. cit.*, pp. 71-72.
[209] Denis Chegaray et Olivier Doat, *doc. cit.*
[210] Jean François Mauveaux, *op. cit.*, p. 71.
[211] Claude Barbier, *Crimes de guerre à Habère Lullin*, 3ème Partie, pp. 187-263.
[212] *Ibid.* pp. 254-257.

matin, mais cette fois-ci, il n'y avait pas de prêtre allemand et personne pour rapporter leurs exécutions.

La décision de ces deux fusillades aurait été prise le 21 août par Yves Farge, commissaire de la République, à la suite des exécutions sommaires de Saint-Genis-Laval où environ 110 prisonniers français[213], sortis de la prison de Montluc, avaient trouvé la mort, le 20 août, sur ordre du lieutenant-colonel Knab, chef du Sipo-SD de Lyon. Le *modus operandi* du massacre ressemblait curieusement à celui perpétré huit mois plus tôt à Habère-Lullin. La décision de Farges communiquée à Knab aurait dans un premier temps été motivée par le souci de stopper les exécutions sommaires, en le menaçant de représailles sur les prisonniers allemands. La manœuvre fonctionnera et les exécutions de prisonniers français cesseront. Les deux fusillades de soldats allemands qui auront lieu une semaine plus tard, le 2 septembre, ressemblent donc en tout point à des représailles destinées à venger les martyrs du massacre de Noël. À moins que Farges les ait utilisées pour calmer les SS qui continuaient leurs exactions dans la partie haute de la Maurienne. Il n'est pas non plus à exclure que, dans ce laps de temps, Nizier ait subi des pressions de la part de groupes de résistants pour exécuter l'ordre. La maitrise d'œuvre de ces deux massacres fut confiée à un résistant dont le frère avait été l'une des victimes du 26 décembre à Habère-Lullin. Son rôle aurait été, semble-t-il, essentiel. Des émissaires du Comité International de la Croix-Rouge, installés à Genève, tentèrent sans succès d'éviter la tragédie. Soulignons pour finir que tout cela se passe dans cette période de chaos qui suivit la libération du département, entre le procès des miliciens du Grand Bornand (23-24 août) et celui de ceux d'Annemasse (7 septembre). Compte tenu des dates de ces différents évènements, la raison invoquée

---

[213] Le nombre exact n'est pas connu avec certitude, car nombre de cadavres n'étaient pas identifiables.

d'exécutions préventives ne tient pas. Il s'agissait bien de représailles en violation complète du Droit de la guerre.

Les miliciens qui se sont rendus aux FFI à Annecy le 19 août l'avaient fait avec la promesse d'être traités dignement, en prisonniers de guerre. À l'évidence, la parole donnée ne fut pas respectée. Les témoignages et les lettres laissés par plusieurs condamnés en attestent[214].

Dans le chaos de la libération de Cluses, le 18 août 1944, un groupe de maquisards FTP mit la main sur une demi-douzaine de soldats allemands[215]. Encouragés par une foule hystérique et haineuse, ils les alignèrent le long d'un mur, prêts à les fusiller. Mais quelques secondes avant le déclenchement du feu, un homme s'opposa vigoureusement. Il s'agissait du curé de la paroisse de Cluses qui, par la suite, invita le chef du peloton d'exécution à venir échanger sur la signification de l'acte qu'il s'apprêtait à commettre.

Les 76 miliciens fusillés au Grand Bornand, le 24 août 1944, furent ensevelis à la hâte dans une fosse commune sur le lieu de leur décès. Un peu plus tard, les familles se préoccupèrent d'offrir à leurs défunts un lieu de sépulture digne et respectable. Certains récupérèrent la dépouille de leur proche pour l'ensevelir sur la terre de ses Aïeux. Mais nombreux furent ceux qui se heurtèrent au refus de l'autorité municipale locale, au prétexte de possibles troubles à l'ordre public ou d'atteinte à la paix des esprits. Les corps restants furent inhumés sur place, dans un petit carré qui, le temps passant, devint un petit cimetière, sans existence légale. Au cours des années qui suivirent, les autorités (préfets et maires du Grand Bornand successifs) se démenèrent pour résoudre la question, en accord avec les familles, mais celle-ci apparaissait insoluble. Ainsi, ces hommes qui avaient payé de leur vie leur engagement et certainement leur

---

[214] Collectif, *Le Grand Bornand 19-24 août 1944*.
[215] Documentaire sur la libération de Cluses disponible sur le site web du Souvenir français 74.

imprudence n'avaient pas le droit au repos éternel que l'on accorde à tout défunt. Comme si, pour certaines personnes, la mort n'était pas un châtiment suffisant pour se racheter de ses fautes.

Cette affaire, qui légalement ne concerne que l'État et les familles des défunts, a été longtemps dénaturée par certains groupes œuvrant pour le souvenir fidèle et honorable des résistants, en s'immisçant dans une histoire dont ils n'auraient jamais dû se sentir concernés, car elle ne les regardait pas. Devant la mort, seuls la famille et les proches s'unissent pour faire face à la souffrance et partager le chagrin.

Dans toutes les sociétés humaines, on respecte les morts. Les rites funéraires sont variables, mais dans tous les cas, le corps du défunt fait l'objet d'une attention particulière. Lorsque tel n'est pas le cas, lorsqu'une personne ou un groupe de personnes s'acharnent sur le cadavre ou la mémoire d'une victime, cela révèle à tout le moins une carence de surmoi et traduit une absence d'humanité, voire un déséquilibre psychiatrique. Tout défunt a le droit à une sépulture digne, honorable et décente, quel qu'ait été son parcours sur la Terre.

Retour sur la cour martiale d'Annemasse

Les 32 miliciens présumés qui comparaissent le 7 septembre à Annemasse devant la cour martiale ont été arrêtés à partir du 18 août et internés, probablement, à la caserne de gendarmerie.

La cour qui va les juger est composée pratiquement des mêmes acteurs que celle qui a opéré deux semaines plus tôt, au Grand Bornand. Il s'agit du procureur Jean Massendès, du greffier Jean Comet et du Jury présidé par André Augagneur (FTP), alias Grand, assisté de François Cettour-Rose (FTP), alias Clément, et Francis Bonfils (FTP), alias André. Les deux jurés AS du Grand Bornand, Forestier et Roby, sont remplacés par deux nouveaux venus, les lieutenants Charles Sopizet (FTP) et Julien Cachat (AS). L'hégémonie FTPcommuniste est, cette fois-ci, manifeste. Les accusés seront défendus par Maîtres Cottet et Roch, avocats commis d'office.

Jean Massendès est à l'époque inspecteur de police, il deviendra par la suite sous-préfet de Nyons, puis préfet de Saint-Pierre-et-Miquelon avant de s'éteindre en 1985. Jean Comet, originaire d'Annecy, est un procureur révoqué tardivement par Vichy, en juin 1944, pour refus de rejoindre son poste[216]. Il est le responsable de la fameuse commande des 75 cercueils[217,218] qui correspondront, à l'unité près, au nombre d'exécutions du Grand Bornand. Dans un documentaire diffusé à la télévision[219] près de cinquante ans après les faits, l'homme tente de s'en expliquer. D'un tempérament visiblement sanguin, il est sur la défensive et ses explications reposant sur une estimation d'un policier faite au « *doigt mouillé* » semblent bien peu convaincantes. Ces deux personnes, Massendès et Comet, ont donc servi le régime de Vichy, ce qui n'en fait pas pour autant des collaborateurs, mais pas non plus nécessairement des résistants actifs. Avaient-ils des choses à se faire pardonner ? Massendès, cependant, aurait été proche, semble-t-il, des Mouvements Unis de la Résistance.

---

[216] Un magistrat ayant servi sous Vichy devait nécessairement avoir prêté serment au Maréchal Pétain. Apparemment menacé par les Allemands, Jean Comet abandonne le poste qui lui avait été attribué à Thonon au mois de juin 1944, soit quelques jours après le débarquement des alliés en Normandie.

[217] Pour de nombreux observateurs, le verdict de la cour martiale du Grand Bornand avait été convenu à l'avance. C'est ce qui expliquerait la coïncidence parfaite du nombre de cercueils commandés et du nombre d'exécutés, sachant que le 76e fusillé était un milicien disculpé qui, au dernier moment, a souhaité mourir avec ses camarades.

[218] S'estimant diffamé, Jean Comet intenta un procès au journaliste Henri Amouroux, auteur d'une Histoire de France sous l'occupation en plusieurs volumes. Il en fut débouté (Annexe VIII dans Michel Germain, *La vérité vraie sur le procès de la Milice*, pp. 173-210).

[219] Denis Chegaray et Olivier Doat, *doc. cit.*

Augagneur est un résistant FTP de 38 ans, né à Ville-la-Grand et installé à Paris, qui, à cette époque, est l'adjoint de Nizier. Comme beaucoup de FTP, c'est un farouche partisan de l'exécution sommaire des miliciens[220]. Cettour-Rose (FTP) qui est originaire d'Abondance, est un charpentier fils d'agriculteur de 32 ans, qui a participé à la libération de Thonon et commandé la compagnie 93-09. Il semble qu'il soit entré à l'AS fin 1942, puis passé aux FTP à l'automne 1943. Bonfils (FTP) est un militant communiste « *pur et dur* » de 34 ans qui est originaire du département de la Savoie. Il est décrit par Amoudruz comme un communiste sectaire et intransigeant[221]. C'est aussi le chef départemental des FTP à la libération. Sopizet (42 ans) est originaire de l'Allier et responsable des FTP du secteur de Thonon. Cachat, dont on sait peu de choses si ce n'est qu'il était né à Saint-Gingolph, est membre de l'AS dans la vallée verte (Boëge). Il semble, avec Cettour-Rose, être les seuls officiers de l'Armée d'active. Augagneur, Bonfils et Sopizet ont tous les trois leur fiche dans le Maitron[222], ce qui est, en quelque sorte, un gage de parfait communiste. Ils sont « *officiers* » FTP et donc, comme le faisait remarquer le général De Gaulle, ils maitrisent probablement l'art de la couture.

Comme au Grand Bornand, les FTP sont surreprésentés et détiennent la majorité des sièges du Jury. Il est de notoriété publique que la plupart des FTP souhaitaient exécuter les miliciens sans autre forme de procès[223]. Soumis à leur pression et arrivant difficilement à les contenir, Nizier, chef départemental des FFI, en accord avec Georges Guidollet (alias Ostier) à la tête du Comité Départemental

---

[220] Michel Bussière et Robert Poirson, *Robert Poisron [sic], membre de la cour martiale du Grand-Bornand mise en place à la Libération pour juger les miliciens*, p. 256.

[221] Robert Amoudruz, *op. cit.*, p. 278.

[222] Le Maitron est un dictionnaire biographique du mouvement ouvrier et du mouvement social. Il est accessible en ligne.

[223] Michel Bussière et Robert Poirson, *op. cit.*, pp. 255-272.

de Libération, leur aura probablement accordé la présidence du Jury et la majorité des sièges, bien que, sur le terrain, ils ne représentassent guère plus du tiers des effectifs du Maquis. Conscient du risque que faisait courir cette décision, Nizier pensait un peu naïvement que la présence de deux jurés de l'AS tempérerait le jugement des FTP. Ce faisant, il sous-estimait leur degré d'endoctrinement et leur esprit foncièrement grégaire.

Au préalable, les 32 inculpés d'Annemasse ont été interrogés par les enquêteurs de la Commission Locale d'Épuration qui était présidée par Romain Baz (FTP)[224] et composée de Jean Vittoz, un responsable départemental du PCF aux pratiques volontiers staliniennes selon Amoudruz et Gavard[225], et Roth de l'AS. Aux archives départementales de la Haute-Savoie, seuls neuf des trente-deux interrogatoires sont conservés. Ils ont été versés tardivement, à l'automne 2023, en provenance d'un musée de la Résistance FTP à Bonneville qui, semble-t-il, a fermé. On reviendra plus loin sur l'aspect lacunaire des informations concernant cette cour martiale. Ajoutons, pour compléter la description des autorités locales, qu'à cette date le Comité Local de Libération est présidé par Louis Simon, futur Maire SFIO de Gaillard, assisté d'Edmond Syord. Les interrogatoires vont se dérouler jusqu'à la veille de la cour martiale.

Lucien L. (45 ans, marié, agent d'assurance à Annemasse) est un ancien combattant, volontaire en 14-18, remobilisé en 1939. En tant que chef de la centaine d'Annemasse, il est longuement interrogé (7 feuillets) par Romain Baz, le 2 septembre. Il explique avoir

---

[224] Romain Baz est né à Sallanches en 1910. Fils d'un fermier originaire de Cordon, il est bon élève, ce qui l'amène sur les bancs de l'École Normale de Bonneville. À la sortie de cet établissement, il exerce la profession d'instituteur et s'engage à la SFIO. Il sera nommé dans la région annemassienne, où il fera l'essentiel de sa carrière. Apprécié de la population pour son charisme et son entregent, il deviendra adjoint communiste au Maire Socialiste de la ville. Durant la guerre, il fut résistant FTP dans la vallée de Boëge.

[225] Amoudruz et Gavard, *op. cit.*, p. 406.

débuté son parcours comme Légionnaire, puis comme SOL et avoir par la suite été versé dans la Milice. Il répond avoir rencontré quelquefois Jacquemin, le chef départemental de la Milice à sa création. Sur son entrée au SOL, il affirme que c'est son programme social qui l'a motivé. L'interrogateur doutant de sa sincérité, il précise qu'il n'a à aucun moment combattu les syndicats ouvriers. Il ajoute qu'il n'a jamais appartenu au Parti Social Français (PSF)[226] ni au Parti Populaire Français (PPF) et qu'à la Légion il s'occupait des prisonniers. Selon ses dires, *il a tout fait pour aider à ravitailler la ville à la demande du Maire et surtout de Deffaugt son adjoint,* en tenant le banc municipal sur le marché. Il atteste que les bénéfices ont été intégralement versés au livret d'Épargne du Prisonnier et le reste à Monsieur Deffaugt pour les œuvres de la ville.

Puis l'interrogateur s'égare. Il accuse Lucien L. de défendre les intérêts d'un *gros trust d'assurance* qui l'emploie[227]. L'accusé précise qu'il est arrivé à Annemasse en 1938 pour remonter un portefeuille d'assurance et que son activité s'est développée dans le Chablais et dans la vallée du Giffre et qu'il ne connait pas de chefs d'industrie à Annemasse. Ensuite, l'interrogateur affirme qu'il y avait dans ses bureaux le siège d'une organisation, sans indiquer laquelle. Ce que l'accusé dénie, en précisant qu'il n'y avait qu'une bibliothèque appartenant à la Ligue Féminine d'Action Catholique Française.

L'interrogatoire se poursuit par différentes questions d'ordre secondaire, comme celle de la dégradation du mur de M. Guersillon,

---

[226] Le Parti Social Français (PSF) est un parti politique de droite conservatrice, fondé par le lieutenant-colonel François de La Rocque, en réponse à la dissolution en 1936 des Croix-de-Feu. Ces dernières avaient été créées à la suite du scandale des décorations pour distinguer ceux qui avaient obtenu leurs décorations au feu (sur le champ de bataille).

[227] Lorsque l'on est embauché et rémunéré par quelqu'un, on défend généralement ses intérêts. Cette notion de loyauté à son employeur semble étrangère à l'instituteur de l'École Publique, rémunéré par le contribuable, qui interroge Lucien L.

pour laquelle l'accusé précise qu'il n'était pas d'accord. Enfin, il affirme avec insistance avoir démissionné de la Milice en septembre 1943, après des désaccords profonds avec le chef départemental portant sur la conduite à tenir face à l'occupant. Il précise que cela est facilement vérifiable en consultant le fichier de la Milice. Il assure aussi que lui et ses hommes, desquels il est solidaire, n'ont jamais reçu d'armes ni d'uniformes.

L'analyse de cet interrogatoire laisse apparaître des accusations vagues et mal étayées qui parfois semblent relever du délit d'opinion. À moins qu'entre le 2 septembre (date de l'interrogatoire) et le 7 (date du jugement), de nouveaux éléments aient été collectés, l'accusation paraît bien légère. Ce qui plaide en la défaveur de Lucien L., c'est qu'il a été pour un temps à la tête du petit groupe de miliciens sédentaires du secteur. Il ne lui est reproché ni assassinat, ni port d'arme, ni délation de citoyens français. Il fait peut-être partie du groupe d'accusés à l'intention desquels Jean Deffaugt avait adressé son message : « *... mais que les juges soient indulgents pour ceux qui ont été entraînés sur la fausse voie, et à qui on ne peut reprocher aucun crime* ».

José D. (35 ans, marié, deux enfants, cultivateur à Fillinges) qui a été écroué le 1er septembre est interrogé le 6 septembre, la veille de son procès. Il est cultivateur et originaire de Fillinges, bien que né à Santiago du Chili. Il avoue avoir fait partie du SOL, mais nie son appartenance à la Milice, en précisant qu'il a refusé d'aller à Uriage[228]. Il a adhéré au SOL après une conférence donnée par Jacquemin (chef départemental de la Milice) à Reignier, où il est allé avec des copains à bicyclette. Il nie avoir été le responsable du groupe du SOL de Fillinges, qui comptait selon lui une douzaine d'individus.

---

[228] L'école des cadres d'Uriage est fondée en 1940 pour former les nouvelles élites françaises, dans le cadre de la Révolution nationale. Hubert Beuve-Méry, fondateur du quotidien Le Monde, en fera partie. En janvier 1943, l'établissement est transformé en École de la Milice.

L'interrogateur semble reprocher à l'accusé les soirées passées entre amis à « *boire des coups* ». Il affirme que l'accusé « *a une réputation de collaborateur acharné à Bonne et à Fillinges* » sans apporter plus de précisions.

Joseph F. (44 ans, marié, trois enfants, mécanicien à Bons-Saint-Didier) est accusé d'avoir livré un Français aux Allemands. En fait, il a été réquisitionné par le Maquis pour lequel il a travaillé. Sa femme, interrogée par la commission d'épuration, explique que lors d'un déplacement avec un camarade, il a été arrêté sur la route par les Allemands à la suite d'une dénonciation. Les Allemands trouvent dans sa voiture un carnet de renseignements qui établit son lien avec la Résistance. Enfermé au cachot pendant cinq jours, les Allemands le menacent pour qu'il les aide à identifier un maquisard incarcéré, ce qu'il finit par faire. Sa femme insiste en disant qu'il a toujours travaillé pour le Maquis.

Henri G. (31 ans, vendeur à Annemasse) est interrogé la veille de son procès. Il a été arrêté chez lui le 20 août par deux FTP. Il est vendeur dans un magasin de confection renommé d'Annemasse et il est accusé d'avoir appartenu à la Milice, ce qu'il ne nie pas. Les auxiliaires trouvent deux armes et un vieux pistolet à son domicile, qu'il affirme avoir touchés lorsqu'il était SOL, mais ne s'en être jamais servi. L'interrogateur l'accuse d'être anticommuniste, ce qu'il dément formellement en précisant qu'il n'a jamais fait de politique. Il assure avoir beaucoup d'amis dans la Résistance et affirme avoir démissionné de la Milice, il y a un an, par lettre recommandée « *après diverses altercations avec le chef d'Annecy* ». L'interrogateur lui demande le reçu de son envoi. L'ayant égaré, il demande que la preuve de son envoi soit vérifiée à la Poste. L'interrogatoire se tenant la veille de la cour martiale, cette vérification n'aura très probablement pas été faite. Pour finir, il atteste n'avoir jamais pris part à des opérations de la Milice contre le Maquis.

Jean-Louis G. (23 ans, né à Mulhouse, mécanicien à Annemasse) est entendu le 2 septembre. L'interrogateur lui demande pourquoi il est entré dans la Milice alors qu'il était réformé du service militaire. Il explique que c'est lorsqu'il a été appelé au STO qu'il est entré dans la Milice où il a été employé comme mécanicien. Après un mois passé à Annemasse, il est parti à Vichy. Il affirme qu'il a démissionné de la Milice en septembre 1943, lorsque certains de ses camarades ont été envoyés au Comité de rapprochement franco-allemand. Étant Alsacien, il assure ne pas être un collaborateur et avoir désapprouvé la mise sur pied d'opérations visant les réfractaires du STO du Maquis, où il avait des camarades. Il déclare avoir participé aux ventes de légumes sur le marché. Enfin, il précise être resté deux mois à la Milice comme franc-garde civil non encaserné. À sa démission, il aurait été interné avec motif « *préavis à fournir* », puis « *défaillant au STO* ». À sa libération, il se serait cassé la jambe avec une fracture ouverte, puis il aurait été arrêté une seconde fois pour refus d'obéissance. Il atteste avoir écrit de sa prison plusieurs lettres à M. Deffaugt.

L'interrogateur lui demande ensuite combien il gagnait à la Milice. Il répond qu'il recevait entre 3 600 et 3 700 fr par mois, car il était marié et que, n'étant pas en caserne, il devait payer sa chambre et sa pension. On lui demande ensuite ce qu'il pense des 76 miliciens fusillés au Grand Bornand. Il rétorque qu'étant donné qu'ils avaient porté les armes contre le Maquis, c'était normal qu'ils soient condamnés. Il ajoute que tous les gars qui sont ici avec lui ont *plaqué* la Milice en même temps que lui.

Il lui est ensuite demandé d'où il tenait le fusil qu'il avait le jour de la libération. Il explique l'avoir pris à Vichy pour se protéger de la Milice qui le pourchassait. L'interrogateur l'informe de l'écœurement qu'ont ressenti les maquisards lorsqu'ils l'ont vu « *faire le coup de feu le jour de la libération* ». On lui demande ensuite qui participait à la Milice à Annemasse et qui en étaient les chefs. Il cite une vingtaine de noms, dont François A.[229], qui n'aurait participé qu'au début.

On le questionne ensuite sur le détail de ses activités à Vichy. Il raconte que l'essentiel de son travail était de convoyer des colis de prisonniers de Vichy à Moulins. Puis vient le sujet du contrat d'engagement à la Franc-Garde retrouvé chez lui. Il indique que celui-ci a été rempli par la Milice et que lui-même ne l'a jamais signé. Il lui est demandé s'il connait des miliciens ayant participé à des opérations de police, ce à quoi il répond que d'Annemasse, il n'en connait pas, mais qu'à Vichy il y avait la bande à Tomasi, dans laquelle il n'y avait pas de Savoyards.

Comme à plusieurs accusés, l'interrogateur lui demande ce qu'il a pensé lorsque l'ordre a été donné au SOL de combattre les anglo-américains débarqués en Afrique du Nord, le 8 novembre 1942. Et comme la plupart des accusés, il répond n'avoir pas été informé de cette péripétie. On lui demande ensuite s'il a participé aux exercices de tirs aux bois de Rosses, ce à quoi il répond par la négative.

Vient ensuite la question de son père, commissaire de police, *particulièrement acharné contre les patriotes, les instituteurs et les petits fonctionnaires*. Il se défend en mentionnant qu'il a été émancipé à 18 ans et qu'il ne s'occupe pas de ce que fait son père. Il admet l'avoir rencontré il y a un an, et ce dernier lui aurait dit : « *Tu es rentré là-dedans pour ne pas partir en Allemagne, mais tu pourrais avoir des histoires* ». Il rappelle l'impossibilité pour lui de prendre le Maquis, car il a « *sa femme et sa gosse à nourrir* ».

L'interrogatoire se termine par l'assertion qu'il serait rentré à la Milice pour se *planquer* et pour des *besoins pécuniaires*, ce qu'il confirme.

---

[229] Cette affirmation corrobore les déclarations de François A. qui indiquait au cours de son interrogatoire n'être pas resté longtemps à la Milice (voir le premier Chapitre du présent ouvrage).

Chapitre V : Catharsis à bon compte

Francis N. (36 ans, négociant à Annemasse, originaire de Fillinges) est interrogé le 6 septembre, la veille de son procès, par le lieutenant Cachat. Il a été arrêté le dimanche 3 septembre à Aix-les-Bains. Comme plusieurs des accusés, il admet son appartenance au SOL, mais nie son affiliation à la Milice. L'interrogateur lui demande de le prouver[230], ce à quoi il renvoie aux témoignages des autres accusés. Il affirme ne pas avoir été un agent recruteur de la Milice et avoir eu des démêlés avec un de ses responsables sur le banc du marché d'Annemasse.

On lui demande ensuite pourquoi il a fui. Il rétorque que quand il a « *vu la situation et les esprits s'échauffer, il savait ce qu'il allait se passer* ». Il relate que le Maquis armé est venu trois fois chez lui dans la même semaine, au mois de janvier, « *pour lui prendre sa moto, un porc et son auto* ».

Il est accusé d'avoir été au centre du groupe du SOL de Fillinges et d'avoir ainsi jeté les bases de cette organisation localement, ce qu'il dénie. L'interrogateur revient sur l'année 1941, lorsque l'accusé se vantait publiquement de *l'arrestation de patriotes*. Comme beaucoup d'accusés, il admet avoir eu le tort de suivre le Maréchal et rappelle qu'à l'époque « *les journaux, la radio, tout les incitait à le faire* ». Il lui est ensuite demandé de se souvenir de son attitude « *lorsque les Allemands enfonçaient le front russe* ». Ce à quoi il répond « *qu'il n'a rien compris à ces alliances germano-russes* ».

On lui demande ensuite où il se trouvait lors de la signature de l'armistice de juin 1940. Il était affecté au 7ᵉ corps d'Armée du général de la Porte du Theil. Il se lance alors dans un long récit très détaillé de ces quelques jours qui précédèrent l'armistice. Le 13 juin, il était à Bayeux lorsqu'ils ont reçu l'ordre de passer la Seine. Le lendemain, il était à Saint-Florentin. *La sixième Armée était*

---

[230] En Droit français, c'est à l'accusateur de prouver la culpabilité du prévenu et non à ce dernier de prouver son innocence. Cette notion fondamentale ne semble pas être intégrée par l'interrogateur.

introuvable, et le dimanche matin, les Allemands étaient déjà au sud de Dijon. Ils se sont repliés sur Tournus, puis il semble avoir été démobilisé. Il était donc chez lui lorsque l'armistice a été signé le 22 juin. Il estime par ailleurs qu'à partir du 13 juin, tout était fini.

Vient ensuite la question des dénonciations. L'interrogateur affirme avoir été lui-même l'objet d'une lettre de dénonciation en provenance de Fillinges, alors que l'accusé dit qu'il n'y a eu aucune dénonciation à Fillinges. L'interrogateur révèle que les miliciens de Fillinges assurent que c'est l'accusé qui les a recrutés, mais que ce dernier a été assez malin pour ne pas adhérer officiellement.

L'interrogateur aborde ensuite le sujet du commerce de légumes, en demandant à l'accusé comment il a pu passer d'une condition de quasi-faillite avant-guerre à sa belle situation actuelle. Il évoque plusieurs « coups » que l'accusé aurait réalisés, notamment celui de détournement de wagons à Sallanches. L'accusé[231] explique qu'un pont ayant sauté à Évires, il a dû vendre les deux wagons de légumes à Sancellemoz[232]. Il ajoute qu'en 1940, il aurait pu réaliser de belles affaires avec les Allemands, mais qu'il ne l'a pas fait.

Il finit en revenant sur les SOL de Fillinges, en demandant à être confronté à ceux qui affirment avoir été recrutés par ses soins. L'interrogatoire se passant la veille de la cour martiale, il est peu probable que cette confrontation ait eu lieu.

Enfin, pour conclure, il affirme que les caisses qu'il a fournies au Maquis peuvent être facilement identifiées, car elles portent le nom de son enseigne.

Antoine R., (24 ans, marié, deux enfants, ouvrier métallurgiste, originaire de Monthey en Suisse) est arrêté le 31 août à l'usine d'aluminium de Marignier et semble avoir été interrogé le même jour en

---

[231] L'accusé est négociant en fruits et légumes à Annemasse.
[232] Sancellemoz est le nom d'un sanatorium qui était situé au plateau d'Assy.

soirée. L'interrogateur commence en signifiant à l'accusé que les deux maquisards qui l'ont arrêté étaient accompagnés d'un Allemand qui l'aurait reconnu. D'où la question : « *Où vous avait-il vu ?* ».

Il explique qu'il devait faire renouveler sa carte d'identité car, étant un ressortissant étranger, il en avait besoin pour obtenir son nouveau permis de travail. *Il avait une carte de travailleur agricole, mais pour travailler dans l'industrie, il lui en fallait une autre.* Il écrivit par deux fois au Bureau du Travail à Annecy, mais ses demandes restèrent sans réponse. Comme son usine travaillait pour les Allemands, sa femme lui suggéra de s'adresser directement à eux. L'interrogateur interprète que la carte de travail lui a été refusée et qu'il aurait tenté d'obtenir un passe-droit. L'accusé affirme que les Allemands ont accepté de lui faire la carte à condition qu'il dénonce ceux du Maquis. Quelques jours plus tard, il revient avec son contrat de travail en bonne et due forme. Au moment de partir, les Allemands le rappellent en lui disant : « *Tu nous as promis quelque chose !* ». Faisant l'ignorant, les Allemands se mettent à le *tabasser*. Pour avoir la vie sauve, il donne les noms de trois maquisards. On lui demande s'il a donné plus de noms. Il rétorque que non, mais que sa belle-sœur et la mère G. l'ont fait. Lorsqu'on lui demande quelles sont ses sources, il évoque une concierge qui trouvait que la mère G. touchait de l'argent sans travailler. Pour sa belle-sœur, il mentionne qu'elle sort avec un Italien. On le questionne aussi sur le rôle de sa propre sœur mariée à L. Il répond que les deux sont dans le trafic de cartes, sans préciser lesquelles. Il conclut en disant qu'il n'a rien touché, qu'il a vendu que ces *trois ou quatre pauvres diables*.

Une dame qui a été la voisine du couple R. écrit ceci[233] : « *Sous les toits vit un couple de Français[234], les R. – des gens modestes.*

---

[233] Amoudruz et Gavard, *op. cit.*, p. 186.
[234] En fait, lui est Suisse.

L'homme a un air doux, un sourire perpétuel aux lèvres... Il sera condamné à mort par la cour martiale de la libération et exécuté le 7 septembre 1944. On a parlé alors de dénonciations... ».

Marceau Z. (41 ans, marié, deux enfants, mécanicien-dentiste, travaillant à Ambilly et résidant à Ville-la-Grand). Il avoue sans ambiguïté avoir fait partie du SOL, puis de la Milice après avoir appartenu à la Légion. Il dit que c'est à l'occasion d'une réunion à Ville-la-Grand que certains d'entre eux ont été versés de la Légion dans le SOL. Il a accepté les conditions du SOL et très probablement prêté serment au Maréchal. Le but était « *d'assurer le service d'ordre en ville et donner la main aux agents en cas de troubles* ». L'interrogateur lui demande de quels troubles il s'agissait. Il parle de manifestations, de sorties de bal et de cinéma. Il lui est ensuite demandé s'il a pris part à des réunions. Il répond par l'affirmative et, à la demande de l'interrogateur, il cite deux autres noms de SOL de Ville-la-Grand. L'interrogateur l'informe que la Légion des Combattants a été dissoute, ce qui ne surprend pas l'accusé vu qu'il ne s'y passait plus rien depuis longtemps. On lui demande à quelle date le SOL a été fondé et il répond, avec hésitation, en 1941[235].

À la question de savoir ce qu'il se disait dans leurs réunions, il assure qu'on leur « *promettait monts et merveilles* » en leur garantissant qu'ils feraient « *quelque chose du point de vue social* ». À la demande de l'interrogateur, il cite les principaux orateurs de ces réunions, à savoir : Alfred F. et M. O.

Vient le sujet des entraînements aux bois de Rosses. Il avoue y avoir participé en précisant qu'il s'agissait uniquement de culture physique. L'interrogateur revient sur le SOL et l'accusé confirme que tous les SOL du secteur ont été versés automatiquement dans la Milice, en ajoutant que beaucoup s'en sont retirés quand ils ont réalisé ce que c'était. L'interrogateur informe l'accusé que le

---

[235] Le SOL a été créé à l'été 1941.

gouvernement de la République vient de retirer le titre de Français à tous ceux qui ont servi dans la Milice, dont lui. Par un raisonnement constitué d'une succession de déductions hasardeuses, l'interrogateur accuse le prévenu d'avoir été un agent de la police allemande, ce qu'il réfute.

On lui demande ensuite à quelle date il est entré dans la Milice ; il répond sans certitude en 1942[236]. À la question de savoir quelle était son activité dans la Milice, il répond : « *Nulle* ». On lui rappelle qu'il était pourtant chef de Trentaine, mais il précise que cette fonction était fictive et qu'il n'était que *l'adjoint des chefs*. Sur sollicitation de l'interrogateur, il cite le nom d'un chef de Dizaine, François G., en ajoutant qu'il ne connait pas les autres. Selon lui, les chefs de trentaine étaient M. B. et M. S.

Il explique avoir fait un seul déplacement en tant que milicien, à Annecy à l'occasion de la fête de Jeanne d'Arc. Il ajoute, à la demande de l'interrogateur, qu'il n'a jamais fait l'objet de condamnation de la part de la Justice.

L'interrogateur, après lui avoir demandé s'il avait pensé à l'avenir de ses enfants, l'informe qu'il sera traduit devant la Cour Martiale. L'accusé reste interloqué !

L'interrogateur trouve curieux qu'aucun milicien du secteur n'ait participé à des actions ni porté d'armes. Il demande qui torturait les Français[237] ? L'accusé réplique que dans la région, ils n'ont jamais voulu « *marcher* » et qu'il a porté sa lettre de démission à Annecy. Celle-ci aurait été déchirée sous ses yeux « *en disant qu'ils*

---

[236] La Milice française fut créée fin janvier 1943.
[237] Cette réflexion montre l'ignorance, feinte ou réelle, de l'interrogateur sur l'organisation de la Milice.

n'acceptaient pas de démission ». L'interrogateur lui demande une copie de cette lettre[238] qu'il n'a évidemment pas.

Puis l'interrogateur se lance dans une longue diatribe, inventant le concept d'assassins moraux, pour n'avoir rien fait : « *... par votre passivité, vous avez couvert les assassinats* ». Puis il dérive en accusant le prévenu de n'avoir rien fait « *pour aider ceux qui n'avaient pas de quoi manger, pas de quoi se vêtir, ni se chauffer* ». Revient ensuite son obsession politique et l'action anticommuniste de la Milice. L'accusé lui répond qu'il n'a jamais été question de politique et que c'était même interdit.

L'accusé répète qu'il a voulu quitter la Milice en septembre 1943[239] « *quand il a vu où on l'embarquait* ».

On lui demande ce qu'il a pensé de la libération d'Annemasse. Il exprime qu'ils étaient tous contents et, naïvement, il ajoute que « *s'ils avaient pu la prévoir, ils se seraient joints aux forces de la Résistance* ».

Revient pour finir la question du port d'armes. Comme plusieurs de ses camarades, il affirme qu'il n'en a jamais porté et qu'ils ont tous déchiré l'autorisation qui leur avait été donnée.

François A. est un cultivateur de 29 ans, marié et père d'un enfant, demeurant à Vétraz. Il est le benjamin d'une fratrie de cinq. Son interrogatoire, qui est retranscrit au premier chapitre de cet ouvrage, est court, il tient sur deux feuillets. Il se conclut par une note d'optimisme qui laisse entrevoir une relaxe ; il est dit : « *les renseignements recueillis sur vous ne sont pas défavorables, c'est un fait, mais en tant que milicien, vous serez traduit devant une cour martiale* ».

---

[238] À l'époque, il n'y avait pas de photocopieuse. Une simple lettre recopiée à la main n'aurait certainement pas constitué une preuve légale.

[239] Septembre 1943 correspond au départ des Italiens et à l'arrivée des Allemands dans la région.

Chapitre V : Catharsis à bon compte

François A. retrace son parcours qui pourrait être considéré comme courant, si ce n'est qu'il a été prisonnier de guerre en 1940 et qu'il s'est évadé. Puis, c'est l'enchaînement classique : mobilisé en 1939, adhésion à la Légion Française des Combattants, puis au SOL et enfin versement automatique dans la Milice. Il affirme, comme beaucoup d'autres, n'avoir eu aucune activité, à part quelques réunions et quelques entraînements aux bois de Rosses. Il insiste sur son implication pour l'aide aux prisonniers et assure avoir quitté la Milice depuis longtemps. Vient la question de son frère aîné connu pour son engagement au PPF et qui est en fuite, probablement à Paris. Ce fait pourrait bien l'avoir desservi.

Que penser de ces neuf interrogatoires ? À l'évidence, nous avons affaire pour l'essentiel à des lampistes. Il s'agit de miliciens sédentaires, bénévoles (à une exception près) et non armés (encore à une exception près). Ils ont à peu près tous été SOL, et donc légionnaires, et datent leur désengagement à septembre 1943, ce qui correspond au départ de l'occupant italien et à l'arrivée des Allemands dans la région. Ce sont des patriotes qui estiment avoir été leurrés en ayant fait confiance au Maréchal Pétain. Nombre d'entre eux ont participé à des œuvres sociales, en tenant un banc sur le marché ou en participant à l'aide aux prisonniers. À l'exception de trois convalescents récupérés à l'hôpital de Thonon et extérieurs au département, aucun n'a été impliqué dans une opération armée, comme nombre de franc-gardes du Grand Bornand le furent. Les interrogatoires semblent menés à charge, avec une volonté d'humiliation, pour un des interrogateurs, et un mélange des genres entre opinions politiques et faits reprochés. Parfois, l'interrogateur fait même les questions et les réponses. Dans les articles de presse parus les jours suivants[240], on trouve à la suite de chaque nom des accusations aussi vagues et imprécises que : « *a déployé une grande activité* », « *actif propagandiste du mouvement milicien* »,

---

[240] *Le Journal de Genève* du 9 septembre 1944, accessible en ligne.

« *fervent propagandiste, dossier accablant* », « *chargé de surveillance de ses compatriotes* », etc. Deux sont convaincus de délations. Il s'agit de pères de familles qui ont été arrêtés par les Allemands. L'un a été *tabassé*, l'autre, incarcéré, a dû identifier, sous la menace de la *Gestapo*, un maquisard emprisonné. Connaissant les méthodes utilisées par l'occupant allemand pour faire parler les récalcitrants, il est bien difficile de porter un jugement à leur encontre. À ce sujet, il peut être utile de rappeler les règles des mouvements et des réseaux de Résistance sur la conduite à tenir en cas d'arrestation. Il était demandé à l'agent arrêté, qui allait être torturé, de tenir 48 heures avant de parler pour laisser le temps au réseau de se mettre à l'abri et de se réorganiser. À toutes fins utiles, l'agent disposait d'une capsule de cyanure.

Lors du procès du Grand Bornand, le greffier Comet avait établi une liste des fautes conduisant à la culpabilité, et donc à la condamnation à mort, qui était la suivante :

- Avoir porté les armes et les avoir utilisées lors d'opérations contre la Résistance.
- Avoir exercé des sévices contre les maquisards.
- Avoir exercé des fonctions de commandement.
- Avoir entretenu volontairement des relations avec la police allemande, la Gestapo.

À l'évidence, bien peu de fusillés du 7 septembre à Annemasse répondaient à l'une de ces accusations.

Vient l'épineuse question de l'objectivité des enquêteurs et des jurés qui, comme chacun sait, étaient pour la plupart sous l'emprise du Parti communiste. Le président Augagneur (FTP) souhaitait, on l'a vu plus haut, procéder par exécutions sommaires[241], c'est-à-dire sans procès, et il est plus que probable que ses sbires fussent sur la même longueur d'onde. Comet et Massendès, comme nous l'avons

---

[241] Michel Bussière et Robert Poirson, *op. cit.*, p. 260.

rappelé, ont eu des parcours qui pourraient sembler équivoques ou ambigus. La commission d'épuration, quant à elle, est dominée par les communistes locaux, Baz et Vittoz. En résumé, cette cour fait étrangement penser aux tribunaux révolutionnaires de la Convention, où l'effrayant accusateur public Fouquier-Tinville sévissait.

Le sujet de la documentation est aussi d'une importance capitale. Comment se fait-il que seuls neuf des trente-deux interrogatoires aient été conservés aux Archives Départementales de la Haute-Savoie ? Où sont les vingt-trois interrogatoires manquants ? Ont-ils eu lieu ? Ont-ils été égarés ou ont-ils été volontairement détruits ? Où sont les minutes du greffier et les attendus du jugement ? Y avait-il des choses à cacher ? Autant de questions sans réponse qui traduisent, au mieux, une forme d'amateurisme de la cour, et au pire, des méthodes de personnes peu soucieuses des principes élémentaires de la justice, nécessaires à l'expression de la vérité dans la transparence.

Un élément troublant ajoute de la confusion. Parmi les neuf interrogatoires récemment déposés aux Archives Départementales, l'un d'entre eux, celui de Jean-Louis G., est retranscrit partiellement dans un des livres de Michel Germain[242]. Cela pourrait laisser présager que des documents « *se promènent* » dans la nature et que leurs détenteurs ne jugent pas primordial de les confier à l'autorité en charge de les conserver pour les mettre à disposition du public.

Les dix-huit condamnés à mort et exécutés le 7 septembre 1944 à Annemasse l'ont été officiellement pour les motifs suivants, parus dans la presse[243] :

François A. : Milicien convaincu qui a déployé une grande activité.

---

[242] Michel Germain, *op. cit.*, pp. 436-437.
[243] *Le Journal de Genève* du 9 septembre 1944, accessible en ligne.

José D. : ?

Joseph F. : Convaincu de délation contre deux officiers du maquis dont l'un a été fusillé par les Allemands.

Lucien L. : A fait preuve d'une grande activité.

Henri G. : A été trouvé porteur d'armes.

Jean-Louis G. : A déployé une grande activité.

Francis N. : SOL, fervent propagandiste, dossier accablant.

Antoine R. : Convaincu de dénonciations de trois Français.

Marceau Z. : Actif propagandiste du mouvement milicien.

Pour les interrogatoires manquants des neuf autres condamnés, seuls les motifs parus dans la presse permettent d'estimer leur culpabilité.

François B. (36 ans, cultivateur à Cercier) : Actif milicien, chargé de surveillance de ses compatriotes.

Lucien D. (19 ans, cuisinier, originaire du Cher) : Franc-garde, a participé à l'attaque du convoi de Murat.

André F. (32 ans, cultivateur à Cercier) : Actif milicien, chargé de surveillance de ses compatriotes.

Marcel F. : (originaire du centre de la France) : Franc-Garde, a participé à l'attaque du convoi de Murat.

Paul G. (38 ans, de Loisin) : *Convaincu de dénonciation.*

Hubert H. (35 ans, marié, un enfant, employé de bureau, originaire de la Nièvre) : Milicien, chef du bureau de placement allemand de Marseille, blessé dans une action contre les Français et soigné dans un hôpital allemand de Thonon.

Jean H. (cultivateur à Cercier) : Actif milicien, chargé de surveillance de ses compatriotes.

Marius S. (34 ans, cultivateur à Cercier) : Actif milicien, chargé de surveillance de ses compatriotes.

Karl T. (35 ans, marié, d'origine autrichienne, chirurgien-dentiste à Ambilly) : *Agent de la Gestapo, a tué le jeune Walle, officier de la Résistance).*

Les quatorze personnes relaxées sont :

Maurice B. (42 ans, d'origine suisse, Bonne-sur-Menoge) ; **Jean B.** (35 ans, marié, chauffeur, Annemasse) ; **Charles B.** (39 ans, marié, six enfants, ferblantier) ; **Joseph D.** (24 ans, artisan, Annemasse) ; **Pierre F.** (31 ans, marié, un enfant, industriel à Annemasse, activité indéterminée) ; **Maurice F.** (29, cultivateur, Fillinges) ; **Charles H.** (33 ans, marié, un enfant, transporteur, Annemasse) ; **Charles M.** (38 ans, mécanicien, Annemasse) ; **Joseph-Elie M.** (32 ans, Fillinges) ; **Eusèbe M.** (30 ans, Fillinges) ; **Fernand P.** (24 ans, célibataire, Gaillard); **Léon R.** (43 ans, marié, un enfant, plâtrier-peintre, Annemasse, ancien membre du parti Doriotiste) ; **Jean S.** (42 ans, marié, quatre enfants, cultivateur à Cercier) ; **Pierre V.** (39 ans, marié, deux enfants, négociant, Annemasse).

L'exécution des dix-huit miliciens s'est, semble-t-il, déroulée avec la foule tenue à distance. Des témoins oculaires se souviennent d'attroupements sur le rebord de la terrasse d'Annemasse, qui surplombe le cimetière au niveau du fond de l'actuel parc Mila Racine. D'autres s'étaient installés sur le remblai du chemin de fer, à une centaine de mètres du lieu d'exécution. La raison de ces dispositions provient du fait que cinq jours plus tôt, le 2 septembre, une exécution de six jeunes miliciens s'était déroulée à Grenoble[244]. Celle-ci donna lieu à des scènes d'hystérie collective où une foule ivre de

---

[244] Pascal Cauchy, *Les six miliciens de Grenoble*, 213 p.

haine tenta de lyncher les suppliciés, puis entreprit de s'acharner sur leurs cadavres sous les yeux des forces de l'ordre, qui eurent toutes les peines du monde à contenir ces pulsions sauvages. Le Comité National de Libération décida que, dès lors, les exécutions se passeraient à l'écart du public. Il n'existe pas, à notre connaissance, de photos de la scène d'exécution des miliciens d'Annemasse, contrairement aux exécutions du Grand Bornand et de Grenoble[245].

Les condamnés d'Annemasse ont très certainement été assistés par des prêtres, comme le furent ceux du Grand Bornand mais, à ce jour, aucun document ne permet de retracer ces possibles interventions. À l'époque, il y avait à Annemasse deux paroisses. La paroisse Saint-Joseph, qui était desservie par le curé Aimé Duret assisté du vicaire Jean Jenatton et d'un curé retraité François Ducret, et la paroisse Saint-André où officiait le chanoine Eugène Marquet qui disposait des vicaires André Masson et Victor Paour.

Les cours de justice et les chambres civiques

La Cour de justice de la Haute-Savoie a fonctionné du 16 novembre 1944 au 14 juin 1945 à Annecy. Par la suite, les affaires ont été traitées par la Cour de justice de Chambéry. Durant cette période, elle a examiné 154 cas et prononcé 41 condamnations à mort, 22 peines de travaux forcés à perpétuité, 17 peines de travaux forcés de durée moindre, 51 peines de prison, 20 acquittements[246]. Trois affaires étaient encore en instance au moment de la rédaction du rapport.

Des chambres civiques furent aussi établies pour juger les faits de collaboration mineure, pouvant donner lieu à des peines de dégradation nationale, de durées variables, et à des confiscations de

---

[245] Ces photos feront la première page des hebdomadaires « *Times Magasin* et *Life* » et provoqueront l'indignation de la presse anglo-saxonne.

[246] ADHS 2882 W 6 - Indignité nationale : listes de noms proposés, interrogatoires, correspondance, notes de renseignements - 1944-1945.

biens. Pendant la même période, les chambres civiques ont traité 327 affaires. 111 peines d'indignité nationale à vie ont été prononcées, 149 peines de durée moindre, 56 acquittements et 11 affaires en instance. Enfin, la Haute Cour de Justice s'occupera des collaborateurs du premier rang.

En ce qui concerne l'Épuration dite financière, le comité de confiscation des profits illicites avait, au 16 mars 1946, réglé 313 affaires et prononcé des confiscations pour un montant de 69 959 000 francs de l'époque, et dressé pour 18 915 000 francs d'amendes, ce qui correspondrait à environ 6,8 et 1,8 millions d'euros d'aujourd'hui respectivement.

Parmi les personnes relaxées le 7 septembre 1944 à Annemasse, certaines vont être jugées ultérieurement. La chambre civique de la cour d'assise de Thonon condamne, lors de ses séances des 30 et 31 janvier 1945, Pierre F. (industriel à Annemasse) à la dégradation nationale[247] à vie. Joseph D. (artisan à Annemasse) et Jean S. (cultivateur à Cercier) sont condamnés à 10 ans de la même peine. D'autres Annemassiens sont condamnés par la même chambre. Raymond S. (photographe à Annemasse) et Pierre V. (négociant à Annemasse) sont condamnés à 10 ans de dégradation nationale, tandis que François C. (employé à Annemasse) l'est à 5 ans, et Léon C. (chauffeur à Annemasse) à 1 an.

Lors de ses assises du 3 mai 1945, la Cour de justice de la Haute-Savoie juge par contumace Alfred F., géomètre à Annemasse. Il est accusé de s'être engagé à la LVF[248] et d'avoir servi comme officier dans l'artillerie allemande. Il est condamné par contumace à la

---

[247] Le 28 août 1944 paraît au Journal officiel de la République française une loi qui institue le crime nouveau d'indignité nationale, qui est sanctionné par une nouvelle peine, la dégradation nationale. Cette peine comporte des privations de droit, des déchéances, des incapacités et des interdictions professionnelles. Elle peut être associée à deux peines complémentaires, comme la confiscation des biens et l'interdiction de résidence.

[248] ADHS 49 W 11 – *Cours de justice*.

peine de mort, à l'indignité nationale et à la confiscation de ses biens. Dans la même séance, la cour juge Mme Jeanne D. inculpée de relations avec les troupes italiennes occupantes. Elle est acquittée faute de preuves suffisantes.

Le 16 mai est évoqué le cas de Mme B., épouse V. Elle est accusée d'avoir envoyé une lettre de dénonciation à la Gestapo. Cette lettre étant restée sans effet, la cour l'acquitte au bénéfice du doute.

Le 31 mai 1945, la Cour de justice condamne par contumace plusieurs Annemassiens en fuite. Marcel G. (droguiste à Annemasse) est condamné à mort pour avoir été un agent de *l'Abwehr* et de la Gestapo et avoir fait partie du PPF ainsi que de la LVF. D'après Amoudruz et Gavard[249], il aurait été retrouvé près d'Angers, en 1945, et sa peine aurait été commutée en travaux forcés à perpétuité. Puis il aurait bénéficié d'une remise de peine et aurait été libéré en 1954.

Dans la même audience, Gilbert P. et René P.-C. (capitaine des Douanes) tous deux membres notoires du PPF, sont condamnés aux travaux forcés à perpétuité, tout comme Auguste A. (négociant de porcs et frère de François A.).

Dans le compte rendu de la Cour de justice du 25 avril, il est fait référence à des critiques que la cour s'était attirées dans la presse, à la suite de l'acquittement du chirurgien de la clinique de Savoie d'Annemasse, Léon B., membre notoire du PPF. Il est précisé, dans un entrefilet, que c'est à la suite de son action ultérieure dans la Résistance qu'il a été réhabilité, après avoir été condamné à l'indignité nationale. Il aurait en effet rejoint le 1er régiment du Maquis du Morvan, puis les FFI de l'Yonne et enfin l'Armée de de Lattre de Tassigny où il aurait pratiqué comme médecin-chef.

À la demande du juge d'instruction de la Cour de justice de Chambéry, le commissaire de la police judiciaire d'Annecy ordonne,

---

[249] Amoudruz et Gavard, *op. cit.*, p. 418.

le 6 mars 1946, une commission rogatoire à l'encontre d'Alfred F., géomètre à Annemasse, qui avait été condamné à mort par contumace en mai 1945[250]. L'inspecteur interroge alors M. Edmond Syord, président du Comité Local de Libération d'Annemasse, qui lui affirme avoir été en possession d'un carnet de route ayant appartenu à Alfred F. Il aurait quitté Annemasse dans le courant de 1942 pour s'engager dans la LVF. M. Syord confirme qu'Alfred F. était un collaborateur notoirement connu sur la place d'Annemasse et que s'il était reparu dans la ville, la Résistance locale l'aurait très certainement liquidé. L'enquête semble s'arrêter là.

Selon l'encyclopédie de l'Ordre Nouveau[251] (consultable sur internet), Alfred F. aurait appartenu, de novembre 1944 à février 1945, à la Waffen-Grenadier-Division SS « *Charlemagne* » (französische Nr. 1), en tant qu'adjudant-major au Regiment SS 58. Ce régiment a été engagé dans l'offensive de Poméranie orientale où il fut quasiment anéanti en février 1945. Il semble probable qu'Alfred F. ait été blessé à cette occasion, car, selon Mouthon[252], il sera arrêté plus tard dans un hôpital allemand. Sa peine sera confirmée en 1946, puis il bénéficiera d'une libération conditionnelle en 1948.

Début mars 1946, le préfet de la Haute-Savoie commande au sous-préfet de Saint-Julien une enquête sur l'Épuration et sur les réactions de l'opinion à cet égard. Le sous-préfet commence son rapport[253] en rappelant que, dans son arrondissement, deux commissions d'épuration ont été mises en place sous le contrôle des CDL, l'une à Saint-Julien, l'autre à Annemasse. Il souligne que des « *rapports de confiance mutuelle se sont établis avec le procureur de la République qui provoqua des réunions bi-hebdomadaires aux fins*

---

[250] ADHS 49 W 10 - Commissions d'Épuration.
[251] L'Ordre Nouveau est un groupuscule politique français nationaliste classé à l'extrême droite.
[252] Pierre Mouthon, *op. cit.*, p. 439.
[253] ADHS 49 W 9 – Enquêtes sur l'attitude des particuliers pendant la guerre.

d'étude en commun des dossiers ». Il indique que « *grâce à cette méthode, les détentions irrégulières cessèrent très rapidement et que les délinquants passés au « criblage » du Parquet furent placés sous mandats de dépôt réguliers. La Cour de justice et la chambre civique ont été saisies dans les délais les plus brefs.* »

Il poursuit en informant que les travailleurs volontaires pour l'Allemagne « *dont on ne pouvait être sûr qu'ils avaient donné une signification politique à leur geste* » et qui avaient été placés sous mandat de dépôt, furent l'objet d'ordonnances de non-lieu à la suite des instructions de la Chancellerie. Ils furent pour la plupart affectés à des travaux d'utilité publique, tout comme les Italiens qui avaient activement manifesté leur sympathie pour le régime fasciste.

Le sous-préfet mentionne que peu de réactions de l'opinion publique se sont manifestées, à l'exception de « *quelques attentats à l'explosif dirigés contre des personnes ayant bénéficié d'un non-lieu ou de mesures d'indulgence* ». Il affirme aussi que « *certains de ces attentats n'ont rien à voir avec l'Épuration* », suggérant la piste du règlement de compte ou de la jalousie commerciale. Il évoque ensuite *le meurtre du curé de Cercier,* parlant d'incident grave (sic). En fait, il s'agit d'un assassinat qui ne doit rien au hasard et pour lequel les enquêtes n'ont rien donné, « *les témoins possibles jugeant sans doute plus prudent de garder le silence* ».

Le quatrième point du rapport expose les réactions en fonction de l'appartenance politique des citoyens. Ceux qui « *appartiennent ou s'apparentent aux partis d'extrême-gauche ou à certains milieux « résistants »*[254] (environ 40% dans l'arrondissement) estiment que l'Épuration a été menée avec trop de molesse (sic). Ces partisans d'une Épuration sévère pensent que la répression a porté plus lourdement sur le « *lampiste* » que sur les principaux coupables. Ils regrettent surtout que l'exercice du droit de grâce et le

---

[254] Le sous-préfet fait ici référence aux FTP.

système de commutation des peines aient réduit parfois à des condamnations dérisoires des arrêts qui avaient justement été sévères. Ces grâces sont interprétées, dans ces milieux, comme un désaveu des jurés et des mouvements de Résistance dont ils sont issus. « ... Les petits » sont condamnés tandis que les « *gros* » *se promènent en liberté ...* » Le sous-préfet revient sur l'acquittement du chef PPF – le chirurgien d'Annemasse Léon B. – par la Cour de justice d'Annecy qui a causé une impression pénible dans l'opinion.

Il poursuit : « *Il y a d'autres citoyens (environ 30%) assurant que l'intérêt de la France exige que cessent les suspicions et les rancunes qui découragent l'effort et jettent le trouble dans les esprits. L'Épuration manquée, disent-ils, est devenue le slogan de propagande de certains partis politiques*[255] *qui oublient les défaillances de leurs propres membres pour jeter le doute sur ceux dont les idées ne cadrent pas avec les leurs. Ils proclament la nécessité de « l'apaisement national » par de larges mesures d'amnistie. Pour eux, il est scandaleux que l'on ait pu faire juger des inculpés par des adversaires politiques et ils ne veulent pas reconnaître la légitimité des arrêts de ces juridictions « d'exception ». Ils pensent que le problème de l'Épuration divise la France, en deux camps, comme il y a cinquante ans, à l'époque de l'affaire Dreyfus, alors que pour relever le pays nous aurions besoin de l'union réelle, sincère, fraternelle de tous ses fils.* »

« *Enfin, le reste de la population (30 %), n'a pas d'opinion bien arrêtée. Ces citoyens ont accueilli les arrêts des cours de justice, les sanctions administratives avec la même passivité, la même indifférence qu'ils accueillirent jadis les mesures de répression prises par le Gouvernement de Vichy. Ce qui ne touche pas au ravitaillement ou à leurs intérêts professionnels ne saurait secouer leur apathie. C'est parmi eux que se retrouve le plus gros des abstentionnistes volontaires de toutes les élections. Il ajoute : que cette*

---

[255] Ici, le sous-préfet fait probablement allusion au Parti communiste.

attitude est l'indice que nous souffrons d'une grave crise morale, que le sens civique tend à s'amenuiser chez un grand nombre de citoyens. »

Pour conclure, le sous-préfet recommande d'accélérer le traitement des dossiers.

La Haute Cour de Justice

Le 22 juillet 1945 s'ouvre le procès tant attendu du Maréchal Pétain. Beaucoup le souhaitaient, mais certains le redoutent. N'aurait-il pas mieux valu que le vieux Maréchal meure de sa belle mort ? Le procès durera trois semaines pour s'achever le 15 août. Les commandes du procès ont été confiées à deux individus d'inquiétantes réputations, les magistrats Pierre Bouchardon et André Mornet. Tous deux n'ont pas eu à faire allégeance au Maréchal, car en 1940, ils étaient déjà à la retraite. Ils ont derrière eux de longues carrières d'inquisiteur et ont ensemble fait condamner à mort la danseuse Mata Hari, en 1917.

L'instruction est confiée à Bouchardon. Mornet se chargera de l'accusation en jouant le rôle du procureur. Ce magistrat, qui gagnera le surnom de « *procureur de la mort* », a passé une bonne partie de l'Occupation à siéger dans la commission en charge de dénaturaliser les Juifs d'origine étrangère, devenus français dans les années trente. C'est dire si la *Collaboration,* il connait. La défense est confiée à un vieil avocat, Maître Payen, qui rêve d'entrer à l'Académie française, accompagné d'un confrère assez terne, Maître Lemaire, et d'un plus jeune, le prometteur Maître Isorni. Au cours de l'instruction, Pétain, qui semble en bonne forme physique pour un vieillard de 89 ans, apparaît psychiquement instable. Ses réponses aux questions brutales de l'instructeur laissent souvent apparaître une confusion mentale, qui peut s'expliquer par son grand âge. Pétain avait souhaité s'exprimer devant le peuple français, mais le moment arrive bien tard. L'homme est fatigué. D'autant plus que

Chapitre V : Catharsis à bon compte

l'année écoulée a été chaotique. Refusant de quitter le territoire français, les Allemands organisent son kidnapping le 20 août 1944 pour l'amener, après quelques étapes, à Sigmaringen, dans le Sud du Bade-Wurtemberg, en Allemagne. Il y passera huit mois, dans un château ayant appartenu aux Hohenzollern, en compagnie du gotha du régime de Vichy. En avril 1945, devant l'avancée des forces alliées, un second déplacement lui est imposé. Il s'agit cette fois-ci de pénétrer en territoire helvétique où l'Ambassadeur de Suisse à Vichy, Son Excellence Monsieur Walter Stucky, l'attend. Le Maréchal et sa femme entrent en Suisse par Bregentz, à l'Est du lac de Constance, le 24 avril, et après un voyage en automobile à travers le pays, ils se présentent au poste-frontière de Vallorbe, où les attend le général Koenig qui les fait entrer en France. De là, ils gagneront la gare de Pontarlier, d'où un train spécialement affrété les conduira à Paris.

Le procès va se dérouler dans une salle d'audience exiguë du palais de Justice, qui limitera le nombre de personnes pouvant y assister, devant un jury composé pour moitié de parlementaires et pour le reste de résistants. De nombreux journalistes de la presse française et étrangère, dont l'emblématique Joseph Kessel, assistent aux audiences sous les températures élevées du cœur de l'été parisien. Le premier jour, le Maréchal, après avoir décliné son identité, lit une déclaration en précisant qu'à la suite de celle-ci, il se taira et qu'il ne répondra à aucune question, ce qu'il fera à de rares exceptions près. L'essentiel de son message tient dans l'expression de sa volonté de protéger les Français. Puis défilent une kyrielle de témoins à charge, parmi lesquels figurent d'anciens ministres et de nombreux parlementaires de la fin de la Troisième République. Se succèdent à la barre Paul Reynaud (le plus vindicatif), Léon Blum, Édouard Herriot ou encore Édouard Daladier. Le premier point abordé porte sur l'armistice et les conditions dans lesquelles la décision de le signer a été prise. François Mauriac résumera les débats en écrivant que « *la Collaboration ... était peut-être la conséquence logique de l'armistice, mais l'armistice était sans conteste la conséquence logique de Munich. Et rares étaient ceux qui n'avaient pas soutenu Munich »*[256]. Puis c'est au tour des témoins de la défense d'entrer en scène. Le 31 juillet, le général Weygand, bien qu'ayant eu des démêlés avec le Maréchal qui conduisirent à son retrait, se refuse à accabler Pétain en le traitant de traître. Puis, le 3 août, c'est au tour de Laval, tout juste de retour de son exil, de venir faire sa déposition. Il se lance dans un long monologue de trois heures pour justifier sa politique. C'est en fait un galop d'essai, car son tour va très vite arriver. Pétain et Laval ne se parlent plus depuis très longtemps, et quand vient l'évocation de la fameuse phrase « *je souhaite la victoire de l'Allemagne* », prononcée par Laval en 1942, les avocats du Maréchal l'accablent. Puis plusieurs fonctionnaires de moindre envergure défilent dans les jours suivants.

Le Maréchal passe l'essentiel de son procès dans un état de léthargie que de très rares interventions sortent de sa torpeur. Après les plaidoiries assez ternes de ses avocats, à l'exception de celle de Maître Isorni qui détonne par sa maestria, le Maréchal fait une dernière déclaration dans laquelle il rappelle le sens de son action entièrement tournée vers la protection et l'atténuation des souffrances des Français. Il conclut en disant : « *Messieurs les juges, ma vie et ma liberté sont entre vos mains, mais mon honneur, c'est à la Patrie que je le confie.* » Puis vient l'heure de l'énoncé du verdict qui est lu par le Président pendant une vingtaine de minutes. À mesure que le temps s'écoule et que les mots s'égrènent, la peine se dessine, petit à petit, comme un iceberg qui sortirait progressivement du brouillard. La conclusion survient : ce sera la peine de mort, l'indignité nationale et la confiscation de ses biens. Mais le Président ajoute que, compte tenu du grand âge du condamné, la Haute Cour de Justice forme le vœu que la condamnation ne soit pas exécutée.

---

[256] Julian Jackson, *Le procès Pétain – la Collaboration face à ses juges*, 448 p.

Chapitre V : Catharsis à bon compte

Le Maréchal semble hébété et mettre du temps à réaliser. Puis, apparemment perdu, il sort péniblement de la salle d'audience.

Le procès, qui a duré trois semaines, a été éprouvant pour tout le monde. Les uns sont satisfaits tandis que d'autres annoncent déjà une révision. La réaction de l'opinion publique est mitigée, traduisant une certaine perplexité. Dans les jours qui suivent, le général De Gaulle commue la peine capitale en emprisonnement à vie. Le Maréchal s'éteindra sur son lieu de détention à l'île d'Yeu, en 1951, à l'âge de 95 ans. Dans les décennies qui suivirent, plusieurs enquêtes d'opinion furent réalisées. La dernière, en 1997, indiquait que 59 % des Français estimaient que le Maréchal avait été « *un homme sincèrement convaincu de l'intérêt national dépassé par les évènements* ». 7 % seulement considéraient qu'il avait été « *un ambitieux qui s'est servi de la défaite pour arriver au pouvoir* »[257].

Pour le général De Gaulle, la faute originelle est d'avoir signé l'armistice en juin 1940 ; pour d'autres, comme François Mauriac, l'erreur est de ne pas avoir quitté la France lorsque les Allemands occupèrent la zone libre en violant les termes de l'armistice de 1940. La philosophe Simone Weil, de son exil américain, exprimera ses appréhensions sur l'après-guerre. Elle annonçait les dangers d'une justice mise au service de buts symboliques et politiques : « *répartir les Français en deux camps, « purs » ou « impurs », et ensevelir précipitamment quatre ans de Collaboration.* »[258].

Puis vient le tour de Joseph Darnand, ultra-collaborateur, chef du SOL, puis de la Milice. Son cas sera expédié en une seule audience, le 3 octobre 1945, à l'issue de laquelle la peine de mort est prononcée. La sentence sera exécutée le 10 octobre au fort de Châtillon après que le recours en grâce déposé par ses avocats, contre sa volonté, soit rejeté. Il sera assisté jusqu'à sa mort par le père

---

[257] Julian Jackson, *op. cit.*, p. 390.
[258] Simone Weil, *L'Enracinement, Prélude à une déclaration des devoirs envers l'être humain*.

Bruckberger[259]. Le parcours de Joseph Darnand est une énigme. Comment ce héros de la Grande Guerre, qui avait mis sa vie en danger pour la Patrie, au point de se voir décerner la Croix de guerre et la Légion d'honneur, put-il se retrouver, deux décennies plus tard, à 48 ans, Obersturmführer de la Waffen-SS ? Durant l'entre-deux-guerres, il adhère à l'Action française puis se rapproche de la *Cagoule*[260], mais alors que nombre de ses compagnons, à l'instar du colonel Groussard, se retrouveront dans la Résistance, lui fait le choix opposé. Son niveau d'instruction jugé insuffisant lui avait barré l'accès au rang d'officier de l'Armée française. Peut-être est-ce là l'une des clés de compréhension de cette impressionnante dérive. Au début du mois d'août 1944, le Maréchal Pétain, ayant eu vent de nouvelles exactions de la Milice, lui avait adressé une lettre de vive réprobation. Darnand lui répondra : « *Pendant quatre ans, j'ai reçu vos compliments et vos félicitations. Vous m'avez encouragé. Et aujourd'hui, parce que les Américains sont aux portes de Paris, vous commencez à me dire que je vais être la tâche de l'Histoire de France ? [...] On aurait pu s'y prendre plus tôt.* » De Gaulle écrira à son sujet, dans ses Mémoires de guerre[261] : « *Rien, mieux que la conduite de ce grand dévoyé de l'action, ne démontrait la forfaiture d'un régime qui avait détourné de la patrie des hommes faits pour la servir.* » Darnand aura entraîné dans son sillage de nombreux jeunes gens, pour certains naïfs et pour d'autres imprudents, qui paieront eux aussi de leur vie le prix de leurs erreurs ou de leur manque de discernement.

---

[259] Le père Bruckberger était un prêtre résistant qui rejoignit en 1939 le corps-franc de Joseph Darnand, avec lequel il se liera d'amitié. Arrêté par la Gestapo, il sera relâché et prendra le maquis. Il assistera Darnand jusqu'à son exécution.

[260] La Cagoule était une organisation politique et militaire clandestine qui avait recours à des actions de nature terroriste.

[261] Charles de Gaulle, *Mémoires de guerre – Le Salut : 1944-1946*, t. III, rééd. Pocket, 1999 (nouvelle édition 2006, texte intégral), pp. 300-301.

Chapitre V : Catharsis à bon compte

Pierre Laval comparaît au lendemain du procès de Joseph Darnand, après une longue cavale qui l'a mené en Espagne, d'où il a été réexpédié en France via l'Autriche. Franco ne souhaitait pas héberger cet encombrant visiteur de 62 ans. Considéré comme le « *Cerveau de la Collaboration* », il concentre l'essentiel de la haine de la population française. Originaire d'Auvergne, Laval finance ses études d'avocat par lui-même et adhère au Comité Révolutionnaire Central de tendance blanquiste, un courant de gauche extrémiste. Son diplôme d'avocat en poche, il s'inscrit au barreau de Paris en 1909 et se spécialise dans la défense des syndicalistes et des ouvriers grévistes. Puis il se lance en politique et se fait élire, en 1914, député SFIO de Saint-Denis, dans le département de la Seine, devenu depuis la Seine-Saint-Denis. À la Chambre des députés, il rejoint le groupe des pacifistes antimilitaristes, mais ne s'oppose pas à l'Union Sacrée. Il ne participe pas à la guerre au prétexte qu'il aurait eu des varices, ce qui demeure extrêmement rare chez un jeune homme de trente ans. Lors des élections législatives de 1919, il ne résiste pas à la *vague bleu-horizon*, mais en 1923, il est élu maire de la ville ouvrière d'Aubervilliers, poste qu'il occupera jusqu'à sa chute. En 1924, il est réélu député sur la liste du cartel des gauches. Au cours des années 1920, Laval, en homme d'affaires avisé, se constitue une véritable fortune dont l'origine n'est pas complètement connue. Ces années-là sont bénies pour les politiciens habiles qui pratiquent le clientélisme et se jouent des lois, en empochant en toute illégalité d'énormes gains. L'affaire Stavisky mettra au grand jour l'un de ces scandales financiers, mais combien d'autres resteront inconnus ? Toujours est-il que Laval devient un petit *magnat* de la presse régionale et il acquièrt une villa cossue du 16e arrondissement de Paris. Habile, intelligent et vif d'esprit, il accède une première fois à la présidence du Conseil des Ministres en 1931, puis une seconde fois en 1935. Il se situe désormais à la droite de l'échiquier politique, tout en conservant ses convictions pacifistes et en manifestant son opposition à la guerre. Sa notoriété est importante. Il sera même désigné « *l'Homme de l'année* » par le très réputé *Times Magazine*, à la suite d'une tournée américaine en 1931. Il a rencontré tous les grands de ce monde, Hoover, Staline, Mussolini, Franco et Hitler, bien sûr.

Après avoir obtenu les pleins pouvoirs de l'Assemblée nationale, le Maréchal fait appel à lui pour former un gouvernement. Pétain et Laval s'étaient fréquentés en 1934, dans le gouvernement Doumergue II, auquel ils avaient tous les deux appartenu. Pour Laval, c'est une forme de revanche sur la classe politique qui l'avait écarté du pouvoir en 1936. Très vite, il va considérer Pétain comme un symbole, dont la popularité dans l'opinion est utile pour rallier les Français à sa nouvelle politique. Il agit en sous-main auprès des autorités allemandes et met en place une politique de collaboration active en leur concédant de nombreuses faveurs[262]. Pétain finit par se rendre compte des agissements de Laval et considérant, de surcroît, que son impopularité[263] risque de discréditer le Régime, il le limoge brutalement le 13 décembre 1940. Laval sera remplacé brièvement par Flandin, puis par l'amiral Darlan qui poursuit et accentue la politique de collaboration, avec cependant moins d'allant que son prédécesseur, tant et si bien que, fin 1941, le traité de paix qui devait suivre l'armistice de 1940 n'est toujours pas prêt. Pétain s'impatiente et les Allemands ne sont pas satisfaits. Laval leur convenait mieux. Ils vont donc exercer des pressions sur le Maréchal, et le 18 avril 1942, Pierre Laval est rappelé aux affaires. Des changements dans la Constitution ayant été opérés, il n'est plus vice-président du Conseil des ministres, mais chef du Gouvernement à part entière. Dès lors, le Maréchal ne sera plus qu'un homme de paille, et

---

[262] Les gestes de bonne volonté à l'intention de l'occupant nazi vont se multiplier. Après avoir remis l'or que la Banque nationale de Belgique avait confié à la France en novembre 1940, Laval cède les participations françaises dans des mines de cuivre de Bor en Yougoslavie, considérées comme les plus importantes d'Europe.

[263] Le 27 août 1941, alors qu'il participe à une revue de la Légion des Volontaires Français en partance pour le front russe, Laval est victime d'un attentat perpétré par un ancien Camelot du roi passé à la Résistance. Il en sort légèrement blessé.

Chapitre V : Catharsis à bon compte

l'occupant allemand traitera directement avec Laval. Très peu de temps après son retour, il aura, lors d'un discours diffusé sur les ondes radiophoniques, cette phrase malheureuse : « ... *Je souhaite la victoire de l'Allemagne, parce que, sans elle, le bolchevisme demain s'installerait partout.* » À partir de ce moment-là, la collaboration avec l'occupant va s'intensifier et donner lieu à de nombreux crimes, dont la tristement connue rafle du Vél d'Hiv, opérée en juillet 1942 par le non moins tristement célèbre René Bousquet. Laval essaiera bien de s'opposer à certaines mesures, comme le port de l'étoile jaune pour les Juifs de la zone libre, mais avec le débarquement allié en Afrique du Nord et l'occupation de la zone Sud qui en résulte, auxquels s'ajoute le ralliement de l'Empire aux Alliés, les derniers atouts du Gouvernement tombent un à un. Il ne reste plus de marge de négociation, et dès lors, Laval et son gouvernement n'auront plus de prise sur le déroulement des évènements. C'est en quelque sorte une fuite en avant jusqu'à l'issue fatale. Auparavant, le 26 novembre 1942, avait été passé l'acte constitutionnel n° 12 bis qui autorisait Laval à signer seul tous les décrets et toutes les lois.

Laval était un homme doté d'une très grande confiance en lui, croyant en sa bonne étoile et estimant souvent avoir raison contre tout le monde. Il n'avait pas vraiment conscience de la haine que lui vouait le peuple français, ni de la gravité des actes qui lui étaient reprochés. Lorsqu'il pénètre dans la salle d'audience de son procès, le 4 octobre 1945, il est hué et insulté par une grande partie du Jury, dont certains de ses anciens collègues parlementaires. Au cours des premiers jours, il est très souvent empêché de parler et interrompu constamment par des jurés hargneux qui profèrent des menaces à son endroit. Devant cet état de fait, ses avocats se retirent et Laval lui-même décide, le 6 octobre, de ne plus assister à la suite de son procès. Ce dernier se poursuivra donc sans lui, et le 9 octobre, le Président de la Cour prononcera la sentence de la peine capitale devant un siège vide. L'exécution du condamné aura lieu le 15 octobre à la prison de Fresnes. Après avoir absorbé une capsule de cyanure qui n'a pas provoqué l'effet escompté, Laval, dans un état moribond, est conduit au poteau d'exécution.

Ce procès déclenche dans la presse française et étrangère une vague d'indignation en rapport avec la conduite de nombre de jurés et l'instruction écourtée, due semble-t-il, à la venue d'élections législatives. On parle de parodie ou de simulacre de justice, ou encore de procès bâclé, sans nécessairement remettre en cause le verdict.

Par la suite, de nombreuses personnalités de la *Collaboration* passeront devant la Haute Cour de Justice qui, au total, jugera 108 personnes et prononcera 18 condamnations à mort, dont trois seront exécutées (Darnand, Laval, Brinon). Durant tous ces procès de la Haute Cour de Justice, le sort réservé aux Juifs pendant l'occupation aura à peine été évoqué.

Après un procès expéditif, le talentueux poète et écrivain Robert Brasillach sera condamné à mort et exécuté pour ses écrits, malgré une pétition[264] demandant sa grâce, signée par de nombreux artistes et intellectuels dont Albert Camus et Paul Claudel. Aujourd'hui, il aurait été probablement condamné pour propos racistes et incitation à la haine.

---

[264] Daniel Cordier, *La victoire en pleurant - Alias Caracalla 1943-1946*, p. 219 de l'éd. Folio (2023).

Chapitre VI : Le jour d'après

Le lendemain s'instruit aux leçons de la veille –
Publilius Syrus

La fin de la guerre va ouvrir une formidable espérance pour les pays d'Europe occidentale. Pour eux, c'est la fin du cauchemar et le début d'une période d'expansion économique. Mais pour ceux de l'Est de l'Europe, c'est le début d'une nouvelle tragédie : le passage sous le joug soviétique. Le système totalitaire communiste n'aura rien à envier à son homologue germanique, et des dizaines de millions de personnes disparaitront dans d'affreuses circonstances, sans laisser de traces pour certains.

L'internement des soldats allemands

À la libération du département de la Haute-Savoie, les soldats allemands déposent les armes et sont faits prisonniers. Ils seront 3 300 pour tout le département, répartis dans plusieurs camps. Le principal est celui de Novel à Annecy, où plus de 1 200 d'entre eux seront internés[265]. Un autre camp est installé à Saint-Pierre-de-Rumilly (Saint-Pierre-en-Faucigny). À Annemasse, une petite centaine sera détenue à la caserne de la gendarmerie, aujourd'hui disparue. À ceux-ci, il faut ajouter les malades, les blessés et les convalescents qui se trouvent dans les hôpitaux de Thonon et d'Évian ou à l'infirmerie de Rumilly. Ces soldats seront souvent victimes de violences, provenant d'une certaine partie de la population et de la frange radicalisée de la Résistance.

Les prisonniers de guerre allemands (PGA) vont être employés par différentes usines d'électro-chimie (usine de Chedde, usine du Giffre, usine de Vovray) et d'autres entreprises, comme des carrières, ou encore par l'État qui les utilise pour des travaux de Ponts et Chaussées. Les communes aussi les emploient pour des tâches d'entretien divers. Les particuliers ont même la possibilité de les « *louer* » pour des travaux agricoles ou forestiers, à condition de verser une indemnité compensatrice à l'État et de bien les traiter, notamment en ce qui concerne la nourriture et l'hébergement[266]. Les prisonniers allemands, qui avaient fait face à un déferlement de haine à la libération, vont progressivement « *s'intégrer* », et le temps s'écoulant, les relations vont se pacifier. Il arrive même qu'il se noue une amitié entre le prisonnier et son employeur.

Les mois passant, certains d'entre eux vont s'évader et, lorsque le camp de Novel fermera en septembre 1947, il ne restera que quelques centaines de PGA[267]. Les derniers commandos industriels et agricoles seront dissous en décembre 1948.

---

[265] Éric Bernard-Saarelainen, *Les prisonniers de guerre en Haute-Savoie 1944-1948*, pp. 162-164.
[266] Archives Municipales de la ville d'Annemasse.
[267] Éric Bernard-Saarelainen, *op. cit.*, p. 34.

Chapitre VI : Le jour d'après

La libération des prisonniers et des déportés

Le pays libéré et la guerre en voie d'achèvement, le retour des prisonniers et des déportés peut être organisé, à mesure de la libération des camps et des stalags. Dans la France d'après-guerre, dont une partie importante des infrastructures a été détruite, cela va constituer un défi logistique d'une ampleur exceptionnelle. Il faut acheminer des trains par un réseau ferroviaire fortement endommagé, trouver des lieux d'accueil équipés et surtout mobiliser un personnel médical, médecins et infirmières, conséquent. Certains revenants sont dans un état de santé inquiétant, d'autres ont tout perdu, familles, biens matériels, etc.

Annemasse, nœud ferroviaire stratégique, va une nouvelle fois jouer son rôle de centre d'accueil. Des prisonniers libérés sont regroupés dans le sud de l'Allemagne et transitent à travers la Suisse, avec l'assistance de la Croix-Rouge Internationale. Sur décision du ministre des Prisonniers, Déportés et Réfugiés, Henri Frenay, un camp est construit à proximité de la gare, à Cornières, à cheval sur les communes d'Ambilly et de Ville-la-Grand. Constitué de baraquements en bois, il peut accueillir 3 000 personnes. Une annexe est installée à la Maison carrée d'Ambilly. Des hôtels de la ville, comme l'hôtel de France et l'hôtel Terminus, dont la direction sera confiée à Adèle Barrucand[268], sont réquisitionnés et les hôpitaux sont mobilisés pour accueillir les personnes malades ou très affaiblies. Une commission de criblage, dirigée par le commandant Guillaume, est mise en place pour détecter les anciens SS, collaborateurs ou miliciens qui se seraient dissimulés parmi les prisonniers. Deux anciens miliciens seront lynchés à mort en gare d'Annemasse, le 3 mai 1945[269].

---

[268] Christine Peyraud, *op. cit., pp.* 203-313.
[269] ADHS 44 W^d 9

Dès le mois d'octobre 1944, arrivent des prisonniers de guerre français des armées africaines, qui se sont évadés. Ils seront hébergés à la Maison carrée qui compte 90 lits. Puis, à mesure de l'avancée des Alliés, les camps se libèrent. Il y aura plusieurs milliers de prisonniers libérés qui transiteront par le centre d'accueil d'Annemasse, dirigé par le commandant Camicas. À la mi-avril 1945 arrive le premier convoi de déportés. Il s'agit de 300 femmes de retour du camp de Ravensbrück, qui sera appelé le « *convoi des 27 000* » en référence à leurs numéros de matricule[270] tatoués sur leurs bras. Une Association de femmes, anciennes Prisonnières et Résistantes (APR), se constitue, puis s'étend aux déportées. Cette dernière, présidée par Madame Chevalier Bressler, établit un vestiaire-ouvroir dans la prison du Pax[271], désormais révolue. Geneviève De Gaulle, fille de Xavier De Gaulle – Consul général de France à Genève et frère du Général – elle-même de retour des camps, viendra à Annemasse pour soutenir le projet. Cette période du retour des déportés marquera une recrudescence des vengeances personnelles à l'encontre d'anciens collaborateurs.

Dans le camp, les conditions sanitaires sont précaires, des cas de typhus sont détectés. Il y a aussi parfois des rixes entre les différentes communautés, notamment entre les résistants et les requis du STO, ou encore des soldats italiens qui avaient été incorporés dans la Wehrmacht. Parmi les prisonniers libérés, il y a quelques revenants du terrible camp de Rawa Ruska[272]. À l'été 1945, les Américains prennent le contrôle du camp, qui fermera à la mi-décembre 1945.

---

[270] Christine Peyraud, *op. cit.*, pp. 246-262.
[271] Archives Direction Culture et Patrimoine : 315 J 47 ; 315 J 90-91.
[272] Le camp de Rawa Ruska, en Ukraine, était un lieu où étaient internés les prisonniers français considérés comme irréductibles. Les conditions de survie étaient effroyables.

Chapitre VI : Le jour d'après

L'entente impossible

Le Gouvernement provisoire de la République française qui avait été instauré le 3 juin 1944, avec à sa tête le Général De Gaulle, va se prolonger jusqu'au 27 octobre 1946. Durant cette période de reconstruction démocratique, de nombreuses consultations vont avoir lieu. Sur le plan municipal, les Maires mis en place par Vichy sont très rapidement remplacés ou, plus rarement, confirmés à leur poste. À Annemasse, Jean Deffaugt est naturellement reconduit dans ses fonctions par le Comité Départemental de la Libération, mais dans les communes avoisinantes, la mainmise du Parti communiste et de ses alliés fait son effet. Vétraz et Ville-la-Grand tombent sous son contrôle tandis que Gaillard et Ambilly passent sous celui de la SFIO. Seuls Juvigny et Annemasse échappent à la *razzia* des partis de gauche. Les élections municipales qui ont lieu le 29 avril et 13 mai 1945 confirment l'autorité de Jean Deffaugt qui, à la tête d'une liste d'Union allant du PCF au MRP, remporte le scrutin. Dans la plupart des communes de l'agglomération, le noyautage et la propagande communiste fonctionnent bien et la quasi-totalité des Maires mis en place par le CDL est reconduite.

Sur le plan national, il s'agit d'élire une assemblée constituante en charge de proposer une nouvelle constitution. Le scrutin, qui aura lieu le 21 octobre 1945, donne une large majorité à la SFIO et au PCF ainsi qu'au tout nouveau Mouvement Républicain Populaire (MRP)[273]. Mais le projet de constitution élaboré par ces partis ressemble à s'y méprendre à un « *copier-coller* » de la Troisième République. Dans ce contexte, De Gaulle claque la porte et démissionne le 20 janvier 1946. Il entame une longue traversée du désert qui durera douze ans. Le texte de la nouvelle constitution est soumis le 5 mai 1946 à l'approbation du peuple français qui le rejette, entraînant *de facto* la dissolution de la chambre des députés. Une

---

[273] Le Mouvement Républicain Populaire était un parti de centre droit, forme de Démocratie Chrétienne à la française.

nouvelle assemblée constituante est élue le 2 juin, marquant un net recul de la gauche et une progression du MRP. Sous la présidence de Georges Bidault (MRP), une nouvelle constitution est préparée. Celle-ci sera approuvée par referendum le 13 octobre 1946. Reste à élire les députés de la nouvelle Assemblée nationale pour un mandat de 5 ans, ce qui sera fait par l'élection du 10 novembre 1946. Les résultats placent en tête le PCF (28 %) devant le MRP (26 %) et la SFIO (18 %), le reste se répartissant dans huit autres partis de tailles variables. La Haute-Savoie élit trois députés du MRP (François de Menthon, Louis Martel, Pierre Mouchet) et un député du Parti communiste, le Chablaisien Albert Boccagny. Léon Blum est nommé président du Conseil des Ministres, jusqu'à ce que Vincent Auriol[274] (SFIO) soit élu par ses pairs Président de la République Française, le 16 janvier 1947.

À Annemasse, les élections municipales de l'automne 1947 voient s'affronter trois listes. Une du Maire sortant Jean Deffaugt (Divers Droite), une du parti communiste et celle de l'ancien Maire déposé par Vichy, Claudius Montessuit[275], ressorti de son refuge genevois et qui, rompu aux combinaisons d'appareils, l'emportera.

Pendant cette période, de nombreuses mesures du programme du Conseil National de la Résistance seront mises en œuvre, comme la généralisation de la sécurité sociale et le vote des femmes sur le

---

[274] Vincent Auriol, député de peu d'envergure devenu Président de la République, passera à Annemasse le 27 mai 1947.

[275] Claudius Montessuit, né en 1887 à Saint-Pierre-de-Rumilly, était un instituteur qui s'était reconverti dans les années 1920 en entrepreneur de Travaux Publics, en reprenant l'affaire de son beau-père, probablement en raison du dynamisme économique de la ville d'Annemasse à cette période. Radical socialiste et Franc-Maçon, il se fit élire Maire en 1929 et le resta jusqu'en 1941. Son entreprise devenue prospère, il choisit de ne pas entrer dans la Résistance et se réfugia à Genève. Réélu en 1947, il exercera la fonction de Maire jusqu'en 1953, puis il cédera sa place à l'un de ses collègues, tout en restant adjoint à l'urbanisme, ce qui, pour un entrepreneur de Travaux Publics, peut paraître une position congrue.

plan sociétal, et les nationalisations de la production d'électricité, de l'exploitation de charbon et de certaines banques sur le plan économique.

La libération du département acquise, certains FFI poursuivirent le combat en Maurienne et en Tarentaise et quand la guerre se termina, la majorité des maquisards reprirent le cours de leurs vies. Ils renouèrent avec leurs métiers et leurs activités, aspirant à une vie normale pour prendre soin de leur famille. Mais certains des jeunes maquisards qui avaient combattu en premier lieu pour défendre leur propre peau avaient été formés insidieusement à l'idéologie communiste, tant et si bien qu'à la libération, ils se crurent légitimes à exercer le pouvoir en prenant la tête des délégations municipales. Mal informés, certains de ces esprits simples pensaient naïvement que le programme du CNR consistait à collectiviser l'économie française sur le modèle soviétique. Fort heureusement, Staline qui lorgnait déjà sur les pays de l'Est, donna l'ordre au PCF de ne pas pousser son avantage. Si tel n'avait pas été le cas, la France serait très certainement repartie dans une guerre civile sanglante à l'issue incertaine. La frustration engendrée chez ces individus expliqua, en partie, les exactions que certains d'entre eux commirent durant l'Épuration sauvage. Il est vrai que par un habile tour de passe-passe, le PCF, qui à l'entrée en guerre était aux côtés des Allemands, réussit à s'arroger une grande partie du mérite de la Victoire. Aujourd'hui encore, dans la presse ou sur les plateaux de télévision, des journalistes et des historiens, qui ne sont en réalité que des crypto-militants, accréditent les fables du Parti communiste.

Le retour des bonimenteurs

L'année 1947 et l'avènement de la Quatrième République marquent le retour des bonimenteurs de la Troisième, accompagnés de jeunes opportunistes à la moralité parfois plus que douteuse. Les vieilles combines et magouilles d'appareils vont reprendre de plus belle. Ils n'avaient visiblement rien compris, ni rien appris.

Ramadier, Queuille, Herriot et consorts refont surface, tandis que d'autres sortent de leurs cachettes. Le déserteur Thorez quitte sa datcha de la mer Noire[276] et Chautemps, qui avait passé la guerre bien au chaud aux États-Unis d'Amérique, revient tenter sa chance. Malheureusement pour lui, certains n'ont pas oublié ses errements de 1940 et il sera condamné en mars 1947, par contumace, à cinq ans de prison par la Haute Cour de Justice. Il mourra aux États-Unis, à Washington DC, quelques années plus tard, en 1963.

Sur la question économique, le plan Marshall, consistant à donner ou à prêter de l'argent aux pays européens à la condition qu'ils achètent des produits américains, va accélérer la reconstruction du pays et contribuer efficacement à son développement économique. Longtemps après la Libération, on verra dans les campagnes de Haute-Savoie, les tracteurs *Mc Cormick* ou *Massey Fergusson* importés des États-Unis à cette époque. L'hydro-électricité se développe avec la construction de grands barrages et de nombreuses petites centrales ; le téléphérique de l'aiguille du Midi est construit en 1955 pour satisfaire un nouveau besoin : le tourisme.

En 1945, le général De Gaulle avait créé le Commissariat à l'Énergie Atomique pour lancer l'énergie nucléaire en France, mais ce que l'on dit moins souvent, c'est que la France va bénéficier de l'aide de près de cinq mille ingénieurs et scientifiques allemands, au passé nazi, qui l'aideront à accomplir cette tâche. Ils seront installés dans une dizaine de centres répartis sur le territoire, à Vernon, Decize et ailleurs. L'industrie aéronautique militaire et civile française va profiter de leur science et de leur savoir-faire. À la sortie de la guerre, les avions Dassault seront équipés de moteurs BMW. Cette ère

---

[276] En fait, Maurice Thorez passera cette période à Moscou, puis sera déplacé dans l'Oural lorsque l'avancée des armées allemandes se fera pressante. Il mourra en 1964 sur le paquebot qui le conduisait sur son lieu de villégiature, dans la station balnéaire de Yalta.

Chapitre VI : Le jour d'après

d'expansion économique ouvre la période dite « *des Trente Glorieuses* ».

Dès 1945, des fissures apparaissent dans le tissu de l'Empire colonial français. Le général Leclerc est envoyé en Indochine pour reprendre possession des territoires qui avaient été occupés par les Japonais mais, arrivé sur place, il découvre que les indépendantistes conduits par un certain Hô Chi Minh revendiquent leur indépendance. Leclerc se montre favorable à une résolution par la voie politique de la crise qui secoue la colonie française mais, malheureusement, il décèdera accidentellement le 28 novembre 1947, après avoir momentanément résolu le problème, mais sans avoir pu aider à jeter les bases de la décolonisation de l'Empire français. Les gouvernements successifs se montreront incapables de résoudre le conflit qui, après la mort de plusieurs dizaines de milliers de jeunes soldats, se terminera par la défaite humiliante de Diên Biên Phu. À peine les accords de paix avec le Viêtnam signés, une autre crise débute en Algérie à la Toussaint 1954. Cette fois-ci, l'État n'a plus affaire à une armée de partisans conduite par un chef, mais à des bandes armées qui fonctionnent sur le mode du terrorisme. Pas plus qu'en Indochine, les gouvernements qui se succèdent à une vitesse vertigineuse ne semblent prendre la mesure du problème et proposer des solutions satisfaisantes. Au cours de cette période, un certain François Mitterrand – dont nous aurons l'occasion de reparler – est ministre de l'Intérieur et de ce fait responsable du maintien de l'ordre. Il n'hésitera pas à organiser une féroce répression. Plus tard, en tant que ministre de la Justice, il ordonnera de lourdes sanctions à l'encontre des rebelles, allant jusqu'à la peine de mort, et s'opposera à leurs amnisties. Malgré l'envoi du contingent et le sacrifice d'une nouvelle génération d'hommes, la situation empire et la France s'embourbe.

Les mêmes causes produisant les mêmes effets, la Quatrième République, qui aura connu vingt-deux gouvernements en douze ans, est à l'agonie telle sa grande sœur de la Troisième. On cherche l'homme providentiel et cette fois-ci, c'est vers le général De Gaulle que l'on se tourne.

La reprise en main gaulliste

Nous sommes en 1958 et le général De Gaulle accepte d'intervenir, mais cette fois, ce sera à ses conditions. Il n'est pas disposé à perdre son temps à écouter les sornettes et autres billevesées de « *politicards* » de gauche et du centre ayant largement fait la démonstration de leur impéritie. En quelques mois, il fonde la Cinquième République dont avait rêvé André Tardieu 30 ans plus tôt. Devenu Président de la République aux pouvoirs élargis, il peut s'attaquer à remettre de l'ordre dans « *le foutoir* » laissé par ses prédécesseurs. Les nouvelles institutions solidement établies et l'économie redressée, l'urgence est la résolution de la crise, devenue guerre d'Algérie. Mais il est bien tard, beaucoup de mal a été fait et le cours de l'histoire va naturellement dans le sens de la décolonisation. Une crise qui, si elle avait été traitée à temps par un personnel politique clairvoyant et compétent, aurait pu être négociée dans la sérénité, se transforme en une véritable tragédie pour 1,5 million de pieds noirs qui se voit intimer l'ordre d'abandonner leurs terres et leurs biens dans le plus grand chaos. Aucune compensation financière ne leur sera versée et ils devront recommencer leur vie de zéro, dans un pays où une grande partie de la population leur est hostile. L'Algérie, de son côté, sombre dans une dictature diabolique et corrompue dont elle n'est toujours pas sortie.

Mais la vie continue et l'expansion économique aussi. Les infrastructures se développent, on construit des autoroutes, des ponts, des tunnels. En 1965, le Général inaugure celui du Mont Blanc, qui permet de relier directement les Hauts-Savoyards à leurs frères valdotains, qui parlent la même langue. Les stations de ski se développent et l'économie tourne à plein régime. On acquiert frigo, lave-linge, téléviseurs, aspirateurs, etc. Dans ce contexte, la société se transforme et les mœurs évoluent. Une partie de la jeunesse, celle qui n'a

Chapitre VI : Le jour d'après

pas connu la guerre, aspire à d'autres modes de vie. Il est vrai que cette génération, que l'on appellera plus tard « *les soixante-huitards* », puis encore plus tard « *les boomers* », a tout ce qu'il lui faut, si bien qu'elle s'ennuie.

Aiguillonné par quelques meneurs, le monde estudiantin, qui à cette époque concerne une petite minorité de la jeunesse, se met en grève et sème le désordre dans les principales villes universitaires de France. Politisés à l'extrême, ils cherchent la convergence des luttes avec le monde ouvrier, mais en dépit de l'aide d'un petit philosophe maigrelet, dont la vue ne porte pas très loin et qui, monté sur un tonneau, harangue la foule, cela n'arrivera pas. À l'exception de quelques arriérés mal informés, ces jeunes gens ne peuvent plus décemment se réclamer du communisme stalinien. Aussi s'inventent-ils un nouveau héros en la personne de Léon Trotski, qui incarnera le romantisme à la mode communiste, ignorant que leur nouvelle égérie avait massacré des centaines de milliers de vies humaines en 1917, en inventant au passage les premiers goulags. Si la partie la plus radicalisée de ces révolutionnaires en culottes courtes avait vécu en 1944, ils auraient sans doute fait partie de ces milices patriotiques qui, avec les FTP, exécutèrent de nombreux innocents.

Devant l'ampleur des évènements, le général De Gaulle est désemparé. Il avait combattu dans les tranchées de la Première Guerre mondiale, résisté à l'occupant nazi lors de la Seconde, résolu la question de la colonisation, mais là, face à cette chienlit, il ne sait que faire. Finalement, son premier ministre, plus jeune, dénouera la crise, et après un vote massif en sa faveur, à l'issue d'une dissolution de l'Assemblée nationale, le général reprendra son chemin. Mais l'homme est fatigué, il est âgé, et la force pour finir son mandat qui doit durer encore 3 ans lui manque. Démissionner n'est pas le genre de la maison. Aussi inventera-t-il le subterfuge du referendum, portant sur des questions mineures au regard de celles qu'il avait résolues par le passé, pour sortir la tête haute. Le 27 avril 1969, le peuple français répond NON à la proposition de réforme du Sénat et à la mise en place de la régionalisation. De Gaulle s'efface *ipso facto*.

Ses successeurs immédiats vont tenter de poursuivre son œuvre, mais en 1973, à la suite de la guerre du Kippour, menée au Proche-Orient et du choc pétrolier qui en résulte, la machine économique s'enraye et marque la sortie progressive de ces trente années d'expansion économique.

L'arsouille ou l'imposteur

Le général De Gaulle usait de deux surnoms à l'intention de François Mitterrand qu'il employait en fonction de son humeur : l'arsouille ou l'imposteur.

François Mitterrand grandit à Jarnac dans une famille catholique de cinq enfants dont le père, ingénieur dans les chemins de fer, s'était reconverti dans la fabrication et la vente de vinaigre. Bon élève, bien que son frère aîné[277] fût plus brillant, il est envoyé au collège à Angoulême pour poursuivre ses études. Dans cet établissement, il va rencontrer deux élèves qui vont devenir de précieux amis et qui le resteront tout au long de sa vie, à savoir Pierre de Bénouville et André Bettencourt. Ce dernier, sympathisant du régime de Vichy, deviendra par mariage le PDG de l'Oréal et financera les campagnes électorales de son ami François. Le baccalauréat en poche, les trois jeunes gens montent entreprendre leurs études supérieures à Paris, où ils seront logés chez les frères maristes. Nous sommes en 1934, juste après les journées au cours desquelles les Ligues firent parler d'elles. Pierre de Bénouville va adhérer à l'Action française et devenir Camelot du roi, tandis que le jeune François se tourne vers les Croix de Feux du colonel de la Rocque, tout en participant aux activités des Jeunesses Étudiantes Chrétiennes (JEC). Ses études achevées et son diplôme d'avocat en poche, survient la déclaration de

---

[277] Robert, frère aîné de François Mitterrand, intégrera l'École Polytechnique.

Chapitre VI : Le jour d'après

guerre et la mobilisation générale. Incorporé dans le 23ᵉ régiment d'infanterie coloniale, François est envoyé sur la ligne Maginot. Dans la débâcle de juin 1940, il est fait prisonnier et interné dans un stalag en Allemagne. Après plusieurs tentatives d'évasion manquées, il réussit à fausser compagnie à ses geôliers en décembre 1941, et après une traversée de la France occupée, il atteint Saint Tropez, où des amis vont l'accueillir et le requinquer. François Mitterrand est un jeune homme ambitieux, et fin 1941, le pouvoir n'est pas à Londres mais à Vichy. Il va donc, en janvier 1942, faire une offre de service à l'administration du nouvel État français. Enrôlé dans la Légion Française des Combattants et des volontaires de la Révolution nationale, puis au Commissariat au reclassement des prisonniers de guerre, il restera à Vichy jusqu'en mai 1943, après avoir reçu des mains du Maréchal Pétain la médaille de la Francisque, qui récompense un fonctionnaire méritant. Il dira plus tard avoir accepté cet honneur pour masquer ses activités de résistant, mais l'obtention de cette distinction nécessitait d'en avoir fait la demande, et surtout, d'être parrainé par deux personnes qui, dans son cas, seront deux anciens cagoulards. C'est aussi à Vichy qu'il fera la rencontre de René Bousquet, personnage de sinistre mémoire, qui restera son ami longtemps après la guerre.

Fin 1942, début 1943, le vent tourne ; les Alliés ont débarqué en Afrique du Nord et les Russes ont défait les armées du Reich à Stalingrad. Le pouvoir s'obstine et la création de la Milice puis du STO finissent de saper le reste de la confiance que les Français accordaient encore au régime. Il est donc plus que temps de prendre le large et de tourner casaque pour ceux qui se sont compromis avec l'administration vichyssoise. C'est à son ami Pierre de Bénouville que Mitterrand va faire appel pour l'extirper de ce guêpier dans lequel il s'était mis et lui fournir des entrées dans la Résistance. Il rejoindra le Mouvement de Résistance des Prisonniers de Guerre et Déportés de Michel Cailliau, neveu de Charles de Gaulle. Envoyé à Alger fin 1943 pour obtenir la reconnaissance du mouvement par De

Gaulle lui-même, ce dernier lui répondra : « *Un mouvement de Résistance des prisonniers de guerre, et pourquoi pas celui des coiffeurs, pendant que vous y êtes ?* »[278].

La libération passée, Mitterrand, peu scrupuleux sur ses fréquentations, va se révéler habile et cynique à la fois, ce qui va lui permettre de gravir rapidement les marches du pouvoir. Après plusieurs postes ministériels de moindre importance, on le retrouve ministre de l'Intérieur en 1954, puis ministre de la Justice en 1956-1957, en pleine guerre d'Algérie. En novembre 1954, il dira à Alger : « *... parce qu'il se trouve que l'Algérie, c'est la France, parce qu'il se trouve que les départements de l'Algérie sont des départements de la République française ...* ».

Mais le retour de De Gaulle au pouvoir sonne la fin de la récréation pour Mitterrand. Aussi, pour ne pas disparaître complètement de l'espace médiatique, il organise avec ses comparses, en 1959, un simulacre d'attentat, destiné à le remettre en selle et pour lequel il sera poursuivi et condamné par la justice, avant de bénéficier d'une amnistie. Cet épisode passera à la postérité sous le nom de l'attentat de l'Observatoire. Malgré cela, il se présente à l'élection présidentielle de 1965 et réussit à coaliser les oppositions à De Gaulle pour le mettre en ballotage. Il sautera son tour à l'élection de 1969 et on le retrouvera face au candidat de la droite à l'élection présidentielle de 1974. Auparavant, il avait refondé le Parti Socialiste à Épinay en 1971, en enterrant la SFIO. À cette occasion, il prononcera cette diatribe devenue lunaire : « *Celui qui n'accepte pas la rupture – la méthode ça passe ensuite – celui qui ne consent pas à la rupture avec l'ordre établi – politique ça va de soi, c'est secondaire – avec la société capitaliste, celui-là, je le dis, il ne peut pas être adhérent du Parti Socialiste* ». Cet échantillon d'hypocrisie et de duplicité

---

[278] Évelyne Gayme (13 juillet 2020). *De Gaulle et la captivité de guerre. Prisonniers de guerre.* Consulté le 28 août 2024 à l'adresse https://doi.org/10.58079/stbv

Chapitre VI : Le jour d'après

deviendra la marque de fabrique de ce nouveau parti politique. N'étant pas à une compromission près, il s'allie au puissant Parti communiste et à ce qui restait du Parti radical et, aux élections présidentielles de 1981, il décroche le Graal en devenant le 4ᵉ Président de la Cinquième République.

L'arrivée des socialistes au pouvoir était probablement un mal nécessaire, car en permettant l'alternance, elle redistribuait les cartes. Il n'est en effet jamais bon de laisser un parti, quel qu'il soit, installé dans la durée, car cela conduit inévitablement à l'établissement d'une zone de confort néfaste à l'intérêt général.

Dire que les nouveaux arrivants étaient inexpérimentés est un doux euphémisme. Le gouvernement mis en place, dans lequel certains de nos Trotskystes soixante-huitards trouvent leurs places, se compose de caciques doctrinaires assoiffés de pouvoir et aussi de vengeance. Alors, ils y vont gaiement et mettent en place leurs idées généreuses, sans discernement ni précautions élémentaires, eu égard à la situation économique très dégradée dans laquelle se trouve le pays. Le résultat ne se fit pas attendre. Dès le mois d'octobre 1981, le franc est dévalué de 3%. Mais cela ne suffira pas, la spirale de l'appauvrissement est enclenchée, l'inflation s'amplifie, le contrôle des changes est rétabli et le chômage explose. Un an et demi plus tard, le 21 mars 1983, le franc français perd 8 % de sa valeur face au mark allemand et 3% additionnels, au début de l'année 1986. Devant ce fiasco politico-financier, la droite revient aux affaires, mais le vieux manœuvrier saura tirer les ficelles pour se faire élire une seconde fois en 1988. Son « *règne* » se finira par une nouvelle cohabitation, au cours de laquelle le vieil homme malade n'est plus que l'ombre de lui-même. Un malheur n'arrivant jamais seul, c'est le moment que choisit un historien de renom[279] pour sortir une biographie mettant au jour, entre autres choses, le passé vichyssois du monarque. Toutes ses forfaitures et tricheries, anciennes et

---

[279] Pierre Péan, *Une jeunesse française*, 615 p.

récentes, apparaissent au grand jour. Deux années auparavant, lors de la commémoration du cinquantenaire de la rafle du Vél d'Hiv, l'homme arriva sous les huées et les sifflets de la foule, en rapport à ses récentes déclarations sur la responsabilité de la France dans la déportation des Juifs. Son ministre de la Justice se crut autorisé à se lancer dans une violente diatribe incontrôlée à l'adresse d'un public médusé, se demandant si l'homme était dans son état normal. Savait-il, ce ministre, que l'individu auquel il venait de voler au secours avait été un ami intime de René Bousquet, le commanditaire de la rafle ? Probablement pas. Ce Président atteint par la maladie, qu'il avait cachée aux Français le plus longtemps possible, s'éteignit quelques mois après son départ de l'Élysée.

Haute-Savoie et Annemasse : de l'après-guerre à nos jours

La guerre terminée, la Haute-Savoie va reprendre son développement économique qui sera porté par trois principaux secteurs. Le premier, celui du tourisme, est dominé par les sports d'hiver. Le Plan neige du gouvernement va favoriser la création de grandes stations de ski comme celles de Flaine ou d'Avoriaz qui s'implantent sur des alpages où aucun village ne préexistait. D'autres, plus anciennes, se développent à partir de villages dont la notoriété est déjà bien établie. C'est le cas de Megève, Saint-Gervais ou encore Chamonix. Aspirées par ce dynamisme, de plus petites communes tentent leur chance comme Samoëns ou Sommand. Ce tourisme hivernal provoquera un engouement pour la montagne qui va susciter un intérêt pour la période estivale. Les gens découvrent l'alpinisme, ou plus simplement la randonnée en montagne. La clientèle s'internationalise et aux voisins suisses s'ajoutent les Anglais, les Japonais et bien d'autres nationalités.

Plus bas dans la vallée, les petits ateliers de décolletage d'avant-guerre se transforment en grosses PME et se lancent dans l'innovation de nouveaux procédés de production. Le cadre exceptionnel de

Chapitre VI : Le jour d'après

la région attire des ingénieurs de la France entière, qui apportent leurs compétences et leur dynamisme. Ces entreprises s'internationalisent et conquièrent de nouveaux marchés en France et à l'étranger.

Encore plus bas dans la vallée se trouve l'Eldorado helvétique. Si au sortir de la guerre les monnaies française et helvétique étaient à parité, 50 ans plus tard, le ratio est de quatre entre le franc français et le franc suisse. Cette attractivité financière conjuguée au dynamisme économique de Genève – ville internationale – conduit à une augmentation du nombre de travailleurs frontaliers qui, en 60 ans, est multiplié par cinq. Dans la même période, la population de la Haute-Savoie passe de 250 000 habitants à plus de 800 000. La discrète Savoie qui fut accueillie du bout des lèvres dans la communauté française par une petite élite parisienne, se transforme. Cette terre d'émigration que ses fils quittaient au XIXe siècle pour aller gagner leur vie ailleurs, devient un centre d'attraction vers lequel convergent Français et étrangers venant des quatre coins du monde.

Annemasse, dont le développement avait été stoppé net par l'arrivée de la guerre, va reprendre sa croissance après la libération. Des industries jeunes, innovantes et performantes s'y installent et se développent. La ville profite à plein de sa proximité de Genève et son commerce y est florissant. L'afflux de nouveaux venus *booste* la construction de logements et la population sera multipliée par deux en soixante ans. La cité devient une véritable ville moyenne qui se dote progressivement d'infrastructures sportives et culturelles adéquates.

Chapitre VII : Aujourd'hui

Entre le passé où sont nos souvenirs et l'avenir où sont nos espérances, il y a le présent où sont nos devoirs – Henri Lacordaire

Que reste-t-il aujourd'hui de cette période d'occupation, de ces années de plomb au cours desquelles les Français ne s'aimaient pas et s'entretuaient ? Que subsiste-t-il des sacrifices consentis par ces hommes et ces femmes engagés du bon ou du mauvais côté ? Les Français s'aiment-ils mieux aujourd'hui ? On peut en douter lorsque l'on observe ces manifestations qui très souvent dégénèrent en scènes de violences urbaines ou champêtres. Les responsables de ces attaques sauvages viennent invariablement du même camp politique, celui que les Italiens appellent du terme évocateur de « *la sinistra* ». Que manque-t-il à ces gens, jeunes ou moins jeunes, pour comprendre le sens de la démocratie et ressentir la nécessaire empathie à la vie en communauté ? Veulent-ils mettre en péril ce bien précieux qu'est la paix ?

Foi et spiritualité

On attribue au célèbre ministre de la Culture[280] du général De Gaulle, André Malraux, la prophétie que « *le XXIᵉ siècle sera religieux ou ne sera pas* ». Croire en l'existence d'un Dieu ou d'une force suprême est une question à laquelle, personnellement, je ne sais pas répondre. Ce que je sais en revanche, c'est que la croyance, ou la foi, facilite grandement l'existence. Les personnes animées d'une foi profonde peuvent se décharger du fardeau de l'incertitude de l'existence. Ils admettent plus facilement leurs destinées en reconnaissant qu'il y a des choses sur lesquelles on ne peut agir. En langage plus contemporain, ils pratiquent naturellement le « *lâcher prise* », que les innombrables techniques de développement personnel d'aujourd'hui préconisent. Il y a par ailleurs, dans la pratique intensive de la prière, la recherche subconsciente d'une situation d'extase, qui pourrait parfois s'approcher d'un état hypnotique. Pour les personnes capables d'atteindre cette condition, les bienfaits psychiques et physiques sont nombreux et l'inclinaison au développement d'une activité spirituelle et mystique est réelle. L'art sacré, dans ses représentations parfois oniriques, traduit cette recherche de paix et de force intérieures.

La religion catholique, que l'Église a parfois conduite malencontreusement à des excès et même, dans certains cas, à de graves dérives, jouait un rôle de régulateur dans les relations interpersonnelles des habitants d'un village ou d'une communauté, et cela bien avant que le Droit soit établi de manière juste et constante. Dans la vie de tous les jours, la religion conduit à deux attitudes essentielles, celle du Pardon et celle de la Rédemption. La pratique du Pardon permet de soulager la charge mentale ou psychique de celui qui l'accorde qui, *in fine,* en est le principal bénéficiaire. La Rédemption

---

[280] André Malraux fut l'unique ministre de la Culture du général De Gaulle, de 1959 à 1969.

soulage la conscience en acceptant de voir en l'autre un être perfectible.

Une idéologie qui fait fi de ces deux notions fondamentales ne peut qu'engendrer une société conflictuelle. Dans la période qui suivit la libération, ceux qui s'étaient trompés ont, pour certains, payé leur faute de leur vie, d'autres auraient pu bénéficier de ces principes aujourd'hui en voie de disparition. Mais ils se sont trouvés face à des personnes qui, étant dépourvues de sensibilité spirituelle, se sont laissé aller à des comportements extrêmes et inhumains.

La laïcité : une nouvelle religion ?

Le terme laïcité n'apparaît à aucun endroit dans le texte de la loi de séparation des Églises et de l'État de 1905. Le concept a, semble-t-il, été utilisé *a posteriori* pour justifier ce qui apparut plus comme une mise au pas de l'Église catholique que comme une nécessaire clarification des rôles de chacun. C'est, une fois de plus, une exception culturelle française que l'on ne retrouve pas dans la plupart des pays occidentaux. Les Allemands paient un impôt cultuel qui va directement à l'Église qu'ils sont dans le devoir de déclarer. Les Américains et leur fameux billet d'un dollar sur lequel il est écrit « *In God We Trust* » (en Dieu nous avons confiance), n'ont pas plus d'appétence pour le rejet du religieux de l'espace public. D'ailleurs, le mot laïcité n'existe pas dans la langue anglaise. Il se traduit au mieux par le terme « *secularity* » (séculier), qui signifie littéralement « *dans le siècle* ».

Les inventeurs de la laïcité à la française n'ont pas fait preuve de beaucoup d'imagination en imitant l'organisation de l'Église catholique. En substituant Dieu par l'État, le Pape par le Président de la République, les cardinaux par les ministres et ainsi de suite... La religion laïque a ses propres fêtes (1er janvier, 1er mai, 14 juillet, ...), sa propre liturgie et son temple, le Panthéon, où reposent les républicains canonisés. Autrefois, lorsque des fléaux et le malheur s'abattaient ou s'acharnaient sur les populations, celles-ci organisaient des processions pour implorer le Tout-Puissant à leur venir en aide. Aujourd'hui, on manifeste dans les rues en réclamant l'attention et l'aide de l'État. L'État a remplacé Dieu.

Cette désacralisation n'est pas sans conséquence sur l'effondrement de l'échelle des valeurs morales, ni sur l'équilibre psychique des personnes.

Psychologie et neuroscience

Les comportements humains que l'on observe sont parfois difficiles à expliquer. Ils semblent souvent échapper à toute forme de logique ou de rationalité. Comprendre l'incompréhensible demande de s'intéresser au fonctionnement du cerveau. Bien que celle-ci soit sujette à controverse, la théorie des trois cerveaux propose des pistes pour essayer de comprendre comment des relations de cause à effet se développent, pour mener à des conduites inhumaines. Le cerveau reptilien, situé dans le tronc cérébral, pilote les besoins vitaux et les pulsions primaires et archaïques. Le cerveau limbique est le siège des émotions qui sont régulées par un noyau gros comme une noisette, que l'on appelle l'amygdale. Enfin, le néocortex guide la raison. On pourrait, sous réserve d'approbation des spécialistes, établir un parallèle avec le Ça, le Moi et le Surmoi de la psychanalyse.

Le sentiment de haine, qui induit des comportements de prédation d'une grande sauvagerie, poussant un individu à éliminer un de ses congénères de la manière la plus abjecte qui soit, survient lorsque le néocortex (la raison) n'arrive plus à maîtriser le cerveau reptilien qui devient hors de contrôle. Ces pulsions archaïques sont stimulées par une émotion envahissante qui a à voir avec la colère et peut-être aussi avec la peur. Ce processus impliqué dans les exactions perpétrées par les deux camps au cours de la Seconde Guerre mondiale peut parfois révéler un trouble psychiatrique, bien difficile à identifier avant que la situation ne survienne, qui traduit un manque évident d'empathie. Ce comportement, résultant souvent d'expériences traumatiques, se soigne aujourd'hui à l'aide de différentes techniques de psychothérapie comme l'EDMR[281]. Par ailleurs, les progrès fulgurants des techniques d'imagerie cérébrale permettront peut-être un jour de comprendre quelles sont les zones du cerveau activées lors de ces périodes de submersion émotionnelle et d'agir en conséquence.

Les jeunes engagés dans la Franc-Garde ou dans le Maquis étaient, pour beaucoup, encore dans l'adolescence ou au tout début de l'âge adulte. Les rares témoignages dont nous disposons montrent que ces jeunes ne se sont pas posés de questions, lorsque l'ordre leur a été donné d'éliminer physiquement une personne. On sait aujourd'hui qu'à cet âge, le cerveau est encore en construction et que les notions de bien et de mal ne sont pas clairement établies. Ayant eu, des deux bords, des idéologues comme chefs, aucune limite n'a été mise à leurs pulsions sadiques et immorales. Toutes les grandes dictatures, des jeunesses hitlériennes aux gardes rouges de Mao, en passant par le recours aux enfants soldats en Afrique ou ailleurs, ont procédé de la sorte, en manipulant de jeunes adultes forts et énergiques, mais au Surmoi lacunaire. Aujourd'hui, dans la France du XXIe siècle, cette tentation de manipulation de la jeunesse est toujours bel et bien présente.

La santé mentale d'une grande partie de la population française est très altérée. Cela se sait et se traduit par une consommation excessive de psychotropes et d'antidépresseurs, que les pharmaciens observent et qui se détecte aussi dans l'analyse chimique des eaux usées des grandes villes. En coupant la tête de leur roi Louis XVI, les Français pensaient probablement que leurs problèmes se résoudraient de manière magique, mais plus de deux siècles plus tard, ils

---

[281] Eye Movement Desensitization and Reprocessing (EDMR) peut se traduire par « *désensibilisation et retraitement par les mouvements oculaires* ».

en sont au même point. N'a-t-on pas vu, très récemment, des manifestants brûler l'effigie du Président de la République en scandant des slogans le menaçant de subir le même sort que celui de ce Roi ? Ces individus se sont enfermés mentalement dans des schémas de pensées chimériques dont ils ne peuvent plus sortir. Leur emprisonnement provient essentiellement du fait qu'ils se sont coupés du réel (encore une fois !).

Un aspect encore mal connu du fonctionnement du cerveau est celui relatif à l'encodage de la mémoire. Car, on le sait, la mémoire se forme et se transforme au cours de la vie. Chacun d'entre nous a fait l'expérience de rappeler un souvenir à une personne avec laquelle nous avons vécu une situation, mais qui n'en a pas gardé le même souvenir. Peut-être cette expérience n'avait pas suscité la même émotion chez votre partenaire.

Dans un récit relatant un combat acharné entre miliciens et maquisards, une personne qui était enfant à l'époque des faits, se souvient avoir vu jaillir *une grande flamme de la montagne* et entendu *des bruits sourds*[282]. La scène du combat se passant dans une zone boisée, en altitude, à environ 10 km à vol d'oiseau du lieu où se trouvait l'enfant, il y a peu de chance que des flammes aient pu être visibles, ni que des bruits sourds aient pu être entendus. Plus vraisemblablement, l'évènement a suscité dans le cerveau du petit homme une forte émotion qui, dans un contexte social propice, s'est amplifiée au cours du temps. Ces modifications du fonctionnement du cerveau mettent en jeu ce que les neuroscientifiques appellent la « *plasticité cérébrale* », qui permet la création de nouvelles connexions neuronales au cours du temps. C'est ce phénomène qui entre en jeu lors des processus d'apprentissage.

Mais au-dessus de tout cela existe la conscience humaine, celle qui « *révèle que nous existons en tant qu'être humain singulier,*

---

[282] Nicolas Martignoles, *Foges, Histoire et mémoire d'un combat de la Résistance*, 128 p.

croisement de nos émotions, de nos pensées, de nos expériences et de notre personnalité, mais aussi de notre biologie »[283]. La capacité des êtres humains à oublier ce qui trouble leur conscience est aussi à prendre en compte lorsque l'on souhaite retracer un évènement.

Déni et délusions

Charles Péguy écrivait : « *Il faut toujours dire ce que l'on voit ; surtout, il faut toujours, ce qui est plus difficile, voir ce que l'on voit* »[284]. La tentation de ne pas voir ce qui nous déplait est humaine, mais poussée à l'extrême, elle devient maladive. Ce qui est encore plus grave, c'est lorsque l'Autorité cache sciemment des faits et des réalités et, pire encore, lorsqu'elle tente d'en empêcher l'expression. Les tentatives d'interdire des publications, de fermer des chaines de télévision ou de contrôler les réseaux sociaux vont dans ce sens. Présentées comme une saine protection du citoyen, elles traduisent en fait une volonté de contrôle de l'Opinion qui s'accompagne d'un sectarisme révélant une faiblesse idéologique. Arrivé à ce point-là, on n'est plus très loin du monde de George Orwell et la censure « *enrichi*t » l'arsenal juridique de nouvelles infractions, comme celui du délit d'opinion.

Les Anglo-saxons ont repris le terme de « *délusion* » pour caractériser l'état de celui dont la croyance erronée et persistante ne peut être dissoute par la confrontation avec les faits réels. C'est le fameux « *pas de vague* » de l'Éducation nationale qui préfère voir ses enseignants assassinés plutôt que de lutter contre les atteintes aux lois de la République. C'est un ministre de l'Intérieur qui affirme, lors d'émeutes de quartiers d'une violence sans précédent, que les auteurs s'appelaient Matteo et Kevin. Un Président expliquera ces mêmes faits par l'oisiveté de ces jeunes gens, laissés sans occupation

---

[283] Laure Tabouy, https://theconversation.com/comment-les-neurosciences-expliquent-elles-la-conscience-232312
[284] Charles Péguy, *Notre jeunesse*, 344 p.

après les examens du baccalauréat, tel Lyssenko dissimulant et manipulant les données scientifiques pour cacher les rendements calamiteux de l'agriculture soviétique.

Mémoire sélective et souvenirs altérés

L'Histoire ce sont les faits, la mémoire, c'est la perception de cette histoire, et le souvenir, c'est ce qui en reste. La mémoire peut donc être subjective, car, comme on vient de le voir, elle dépend du récepteur de l'information et de ses émotions ressenties au moment de l'évènement. De plus, comme on l'a vu précédemment, le temps passant, elle peut se transformer et se trouver empreinte de préjugés. Aussi, le concept de vraie vérité ou de vérité vraie est illusoire, car, comme le dit l'adage, « *à chacun sa vérité* ». La seule chose qui soit intangible, ce sont les faits, en un mot : la réalité !

L'Histoire, c'est bien connu, est écrite par les vainqueurs. On dispose donc d'un seul point d'observation pour reconstituer une réalité complexe. Pour déterminer la position exacte d'un point à la surface du globe, les topographes et les géomètres procèdent par triangulation, c'est-à-dire qu'ils approchent à partir de plusieurs angles une réalité physique. Ainsi, ils satisfont le principe d'objectivité qui traduit l'indépendance de l'observation au repère ou au référentiel choisi. Restant dans le domaine de la géographie physique, on peut illustrer la dépendance du point d'observation par l'exemple du mont Aiguille, situé dans la région du Trièves, au sud de Grenoble. Vu du Nord, il apparaît comme une canine aiguisée, alors que dans la direction orthogonale, il ressemble à une grosse molaire. L'écriture de l'Histoire n'échappe pas à cette subjectivité liée à l'unicité du point d'observation. Aussi est-il important de disposer de plusieurs approches. L'une d'entre elles nous est fournie par les analyses d'observateurs étrangers. Comme nous l'avons vu précédemment, Richard O. Paxton, historien américain, développa dans son ouvrage, *La France de Vichy,* paru en 1973, une analyse remettant en question la *théorie du Glaive et de l'Épée*. Paul Abrahams, qui consacra sa thèse de doctorat à l'étude de la Haute-Savoie sous l'Occupation, conclut que le récit d'une Haute-Savoie soutenant pleinement la Résistance relevait d'un mythe. L'analyse du contrôle postal[285] indique en effet qu'une grande partie des paysans craignait et redoutait la présence des maquisards, ne serait-ce que par le risque qu'ils leur faisaient prendre vis-à-vis de l'occupant allemand, qui n'hésitait plus à incendier les villages et à déporter les habitants. C'est aussi ce que dit une habitante de Chevrier dans un récit publié par Robert Amoudruz[286]. La relative impopularité des Maquis FTP se verra également dans les résultats des élections d'après-guerre, où le Parti communiste obtiendra des résultats médiocres dans les villages d'altitude où les FTP étaient très implantés. À l'inverse, il fera ses meilleurs scores dans les villes et les villages de plaine, où la présence des FTP était quasi-inexistante ou, à tout le moins, très peu active. De surcroît, l'efficacité de la Résistance sur le plan militaire fut toute relative, comme le traduit le faible nombre de soldats allemands tués (161 en comptant ceux tués lors des combats de la libération)[287] pendant leur présence en Haute-Savoie, de septembre 1943 à août 1944. La résistance tuera beaucoup plus de civils français que de soldats allemands[288] : 236 contre 84 (plus 75 pendant les combats de la libération) d'après Germain[289] ; 233 contre 95 (plus 85 idem) d'après Mouthon[290]. Ces chiffres ne comprennent pas les civils disparus dont on n'a pas retrouvé le corps, ni ceux dont la mort n'a jamais été déclarée. Le rôle positif des Maquis sera beaucoup plus d'ordre moral et politique, car il traduisait la volonté du peuple

---

[285] Paul Abrahams, *op. cit.*, p. 343.

[286] Robert Amoudruz, *Brûlement de villages au pays du Vuache*, pp. ; 21-38.

[287] Paul Abrahams, *op. cit.*

[288] Le nombre de soldats allemands tués ne comprend pas ceux abattus lors des combats de la libération, qui s'élève à 85 pour Mouthon et 119 pour Germain.

[289] Dans le tableau présenté par Michel Germain (*Le prix de la liberté, p. 373*), il y a une erreur d'addition. Le chiffre présenté ici est la valeur corrigée.

[290] Pierre Mouthon, *op. cit.*, pp. 455-456.

français de se battre et de retrouver sa fierté, tout en montrant aux Alliés que les Français participaient à leur propre libération.

De nombreux écrits ont été publiés sur la période d'occupation et la libération de la Haute-Savoie. Dans la quasi-totalité d'entre eux, on y trouve d'intéressantes et précieuses informations, mais aussi parfois, des lacunes, des inexactitudes voire des contradictions. Il y a surtout dans nombre d'entre elles l'expression de demi-vérités, sur lesquelles plane le doute de non-dits. La totalité du décor et de l'environnement – ce que les anglo-saxons appellent « *The Big Picture*[291] » – est rarement décrite avec suffisamment de précision et d'acuité.

Dans la masse de ces publications, il y a d'abord les livres d'auteurs, publiés par des maisons d'édition. Certains – peu nombreux – ont été écrits par les acteurs des évènements sous la forme d'essais historiques ou de mémoires d'une vie. Beaucoup d'autres ont été rédigés par des personnes ayant un lien direct avec les acteurs de l'époque (fils ou filles de maquisards, frères ou sœurs de résistants, cousins, etc.). Certains de ces auteurs se revendiquant historiens sont très souvent des personnes enseignant, ou ayant enseigné, l'Histoire dans le secondaire (collège et lycée), voire parfois des instituteurs, qui ont une certaine latitude dans l'exercice de leur profession. Cela introduit un fort biais idéologique, car ces professions sont fortement politisées avec un tropisme avéré vers la gauche. À cela s'ajoute, pour ceux qui ont un lien familial avec les acteurs, un inévitable biais émotionnel, et pour ceux en rapport avec certaines professions judiciaires, un réflexe corporatiste. Plusieurs de ces ouvrages ont, par ailleurs, été publiés à compte d'auteur, ce qui les rend plus difficilement accessibles.

Aucun ouvrage, à notre connaissance, n'a été écrit par un descendant de collaborateur ou de milicien, et peu furent rédigés par un

---

[291] Comprendre, vue d'ensemble.

observateur neutre, si tant est qu'il soit possible de l'être. Pour se faire une idée du point de vue opposé - celui des collaborateurs - on dispose d'un témoignage, face à la caméra, d'un milicien relaxé au Grand Bornand qui, arrivé au soir de sa vie, s'exprime dans un documentaire télévisé [292]. Calmement et sans le remettre en question, il explique les raisons de son engagement qui lui apparut comme une évidence pour lutter contre le bolchévisme, dans le contexte du fiasco de la Troisième République et du Front Populaire. Il existe aussi un petit opuscule[293], réalisé par les familles des fusillés du Grand Bornand, qui rassemble plusieurs lettres d'adieu émouvantes, écrites par les condamnés avant leurs exécutions. Ceux d'entre eux qui se sont exprimés écrivent leur attachement indéfectible à Dieu et à la France. Plusieurs affirment « *préférer mourir que vivre dans le Monde qui s'annonce* ». Ils mourront avec courage et dans la dignité, chacun muni d'un petit chapelet qui leur avait été offert. En complément, on dispose du témoignage de l'abbé Etienne Ducroz[294], le prêtre qui les assista de leur arrivée au Grand Bornand jusqu'à l'instant fatal. Il confirme les sévices et les humiliations endurés par ces hommes pendant les quelques jours de leur détention. Il réaffirme aussi ce que beaucoup pensent, à savoir que la très grande majorité de ces jeunes n'étaient pas des traîtres et que bien peu de choses pouvaient leur être reprochées. Seul un petit nombre s'était laissé aller à des exactions impardonnables et condamnables. Pour ce prêtre pondéré et beaucoup d'autres observateurs, le caractère politique du procès n'a fait aucun doute. Il s'agissait de fusiller pour l'exemple. Ajoutons qu'en guise de protestation, le Conseil municipal du Grand Bornand démissionna les jours qui suivirent les exécutions, bien qu'aucun des fusillés ne fût un enfant du village.

---

[292] Denis Chegaray et Olivier Doat, *doc. cit.*
[293] Collectif, *Le Grand Bornand, 19 - 24 août 1944*.
[294] Mémoires écrites de l'Abbé Etienne Ducroz dans : Michel Germain, *La vérité vraie sur le procès de la Milice et des miliciens au Grand Bornand du 19 au 24 août 1944*, pp. 211-234.

Tous ces éléments font bien peu de matériau pour comprendre les motivations profondes de ces jeunes gens et connaitre leurs appréciations du contexte de l'époque.

À côté de ces livres, souvent basés sur des témoignages, il y a les travaux universitaires donnant lieu à des thèses de doctorat ou à des mémoires de master. Ces travaux ont été plus tardifs en raison de la lente constitution des archives et de leur ouverture progressive au public. Ils sont généralement le fruit de travaux fouillés, réalisés pendant une période longue (trois ans au minimum pour une thèse de doctorat) menés sous la conduite d'un Professeur des Universités, spécialiste de la période étudiée. Par ailleurs, le travail est soumis à l'expertise de plusieurs spécialistes qui décident de l'octroi ou non du grade de Docteur. Cela constitue une garantie de fiabilité et de scientificité, sans pour autant représenter une assurance tous risques contre les éventuelles inexactitudes, omissions ou non-dits. Les mémoires de masters sont réalisés sur le même format, mais sur une période beaucoup plus courte (un an en général). Ces travaux universitaires, de valeur inégale, sont malheureusement souvent difficiles d'accès, malgré l'existence de plateformes numériques dédiées[295]. Cette difficulté est, dans certains cas, partiellement compensée par la publication de livres synthétisant ces travaux académiques.

À cette importante production historiographique, il faut ajouter certains articles de presse paraissant dans des quotidiens régionaux ou nationaux, des magazines spécialisés, des brochures de musées ou d'associations de souvenir. Quelques films de témoignages[296] ont aussi été réalisés, mais, malheureusement, étant très mal diffusés, ils demeurent confidentiels. Est-ce dû à un manque de moyens ou à la volonté des auteurs de s'adresser à un cercle réduit de sympathisants ou encore à des pressions extérieures ? Rajoutons les

---

[295] Voir la liste des plateformes dédiées en fin d'ouvrage.
[296] Voir la liste des films en fin d'ouvrage.

Chapitre VII : Aujourd'hui

émissions documentaires de télévisions où, parfois, malencontreusement, de pseudo-experts du domaine qui ne sont en réalité que des cryptos militants présentent et défendent habilement leurs opinions, généralement sur les médias du service public.

Il y a aussi les actes délibérés de transformation de l'Histoire qui, lorsqu'ils sont commis par la plus haute autorité de l'État revêtent un caractère transgressif. Un récent exemple nous a été donné avec la panthéonisation (canonisation laïque) de Missak Manouchian, bien modeste résistant, qui doit sa notoriété à la fameuse affiche rouge. Si la mort d'un homme, surtout dans ces circonstances, doit être respectée, il n'est pas obligatoire d'adhérer au panégyrique officiel. Missak Manouchian eut pour seul et unique fait d'arme d'avoir lancé une grenade dégoupillée dans une troupe de soldats allemands qui passait près de lui[297]. Une fois attrapé par l'occupant, il se « *mit à table* » sans même y avoir été convié. Il livra avec force détails des informations qui permettront l'arrestation ultérieure de ses petits camarades. Mais, appartenant au parti des 75 000 fusillés (qui s'avéreront être 4 500 tous calculs faits et toutes obédiences confondues), il bénéficia d'une efficace promotion de la part de personnes influentes, permettant au passage de faire oublier l'antisémitisme du parti communiste. Pour compléter le tableau, sa veuve Mélina retournera après-guerre en Arménie, tombée dans le giron soviétique où, devenue un parfait apparatchik, elle participera activement à la persécution des opposants politiques. Fatiguée, elle reviendra en France profiter du confort du monde capitaliste, avant de s'éteindre en 1989.

Non, la France pas plus que Paris ne se sont libérées par elles-mêmes, comme le disait le général De Gaulle lors de son discours de l'Hôtel de ville en août 1944, même s'il ajouta, après un temps de

---

[297] Stéphane Courtois, *La mort de Missak Manouchian suscite l'admiration, mais son héroïsation a été construite par le PCF*, Le Figaro, le 21 février 2024.

latence, « *avec le concours des Forces alliées* ». Probablement prononça-t-il cette contrevérité, dans l'espoir de rétablir la concorde et de restaurer la fierté d'être français au plus vite, soucieux d'éviter l'installation de l'AMGOT[298]. Paris n'était pas un objectif prioritaire pour le commandement des forces alliées qui avait prévu de contourner la ville par le nord, avec les troupes du général Bradley, et par le Sud, avec l'armée du général Patton. Devant une telle menace, les soldats de l'occupant avaient en grande partie déserté la ville et, le 24 août, il ne restait plus que quelques milliers d'hommes, fort mal équipés. Quelques combats localisés et sporadiques eurent bien lieu dans la semaine qui précéda la libération de la ville, mais lorsque la deuxième Division Blindée du général Leclerc pénétra dans Paris, le gros des troupes allemandes avait quitté les lieux. L'acte de reddition des Allemands sera signé par le général Leclerc et le général allemand von Choltitz, puis plus tard par Rol-Tanguy (partisan communiste) qui réussit à s'immiscer et à apposer sa signature, bien que son rôle dans la libération de la ville ne fût pas vraiment déterminant. Ce fait déplaira fortement au général De Gaulle qui le fera remarquer à Chaban Delmas, aide de camp du général Leclerc, à l'origine de cette signature.

La mémoire, on le sait, s'efface si elle n'est pas régulièrement stimulée. C'est en quelque sorte le mécanisme psychique de l'oubliance. Dans ce cadre, les commémorations et les interventions dans les écoles sont d'une importance fondamentale, à la condition qu'elles soient faites avec l'honnêteté intellectuelle irréprochable que le récit de ces évènements requiert.

L'odonymie urbaine et les plaques commémoratives sont aussi des moyens d'entretenir le souvenir, à la condition que celui-ci aussi

---

[298] Le Gouvernement militaire allié des territoires occupés (Allied Military Government of Occupied Territories, ou AMGOT) était un plan visant à faire administrer la France par un gouvernement constitué d'officiers américano-britanniques.

ne soit pas dévoyé par une mémoire sélective et idéologique. Dans certains lieux, on peut lire des informations contrefactuelles comme sur le mur pignon de l'Intendance à Annecy où il est indiqué : « *Ici des patriotes ont été torturés et assassinés par des miliciens fascistes.* » En réalité, ce bâtiment fut le siège du Service de Police Anti-Communiste qui deviendra le Service de Répression des Menées Anti-Nationales (SRMAN), principal responsable des tortures infligées aux Résistants. La Milice était installée aux marquisats au bord du lac. Comme le disait Constant Paisant (maquisard FTP), on impute à la Milice de nombreuses exactions dont elle ne fut pas responsable. « *Milice* » devient un terme générique qui recouvre toutes les unités du Maintien de l'Ordre (Police, SPAC, SMARN, GMR, etc.) qui s'opposent à la résistance. De même, sur le mémorial de Sacconges dédié à la mémoire des patriotes exécutés en ce lieu, on peut lire que les quarante soldats allemands fusillés à la Libération l'ont été le 28 août, alors qu'ils le furent le 2 septembre. Ce qui pourrait sembler un détail anodin a néanmoins son importance, car il permet d'invalider la thèse d'exécutions préventives en rapprochant cette fusillade de celle perpétrée le même jour à Habère-Lullin.

Le passé radical-socialiste de la ville d'Annemasse transpire de ses noms de rues et laisse apparaître des individus à la réputation parfois sulfureuse, tels que Paul Bert, grand racialiste devant l'éternel, ou Henri Barbusse, ami et admirateur de Josef Staline. Des résistants anonymes, mais ayant appartenu à la bonne obédience, y sont honorés. D'autres, comme les quatre « *Justes Parmi les Nations* » de la ville, n'ont droit qu'à une minuscule stèle dans le parc de la ville. Il est vrai que la plupart d'entre eux n'appartenaient pas à l'idéologie dominante.

Il faut aussi dire un mot de l'iconographie. Dans plusieurs ouvrages, les crédits photographiques ne sont pas mentionnés et dans d'autres, le droit à l'image ne semble pas être une préoccupation de l'auteur. Dans un livre paru pour le $50^{\text{ème}}$ anniversaire de la libération de la Haute-Savoie, on voit une jeune femme vêtue d'une robe d'été assise sur un tabouret, le visage fermé. La page suivante montre la même femme le crâne à moitié tondu ; seule subsiste une longue mèche blonde. Il n'est, semble-t-il, pas venu à l'idée de l'auteur qu'un tel document pût constituer une atteinte à la personne.

Privilège rouge

La France et les Français manifestent à l'égard du Parti communiste français une étonnante complaisance. Elle demeure aujourd'hui le seul pays du monde occidental à héberger encore un parti communiste[299]. Partout ailleurs dans l'espace européen, cette appellation a disparu, souvent par décence envers les victimes de cette idéologie mortifère. Bien que ne représentant guère plus de deux pour cent de l'Opinion française, cet anachronisme pollue encore le débat public[300]. Mais l'idéologie totalitaire n'a pas disparu pour autant, car elle s'est transformée et se concentre désormais à l'extrême gauche du spectre politique, où l'on retrouve les héritiers des sans-culottes et des gardes rouges. Généralement sous-éduqués et méconnaissant les faits historiques, il n'est pas rare de rencontrer certains de ces jeunes adeptes arborer un T-Shirt à l'effigie de Che Guevara, ignorant que le surnom que les Cubains lui avaient donné était celui de « *Boucher de La Havane* », en rapport avec son goût immodéré pour la torture.

L'effondrement du socialisme, dont tous ces régimes dictatoriaux se réclamaient, a bien eu lieu. Mais certains idéologues ne l'ont pas entendu et d'autres ne l'ont pas vu. Le Nuremberg du communisme n'ayant pas eu lieu, çà et là ressurgissent des idées totalitaires, des volontés d'imposer ses vues, son mode de vie, de prendre le pouvoir

---

[299] La Suisse interdira son Parti communiste dès 1937 (en plein procès de Moscou).

[300] Aux élections européennes de 2024, la liste communiste recueillit 2,5 % des voix, juste devant celle du parti animaliste.

par la force, laissant nos dirigeants le plus souvent dans la plus complète aphasie.

Aujourd'hui en France, les groupuscules d'ultra-droite sont sous la surveillance étroite des services de police et on ne peut que s'en réjouir, mais pour leur équivalent de gauche, les antifas regroupés en black block, c'est « *l'open bar* »[301]. Les grandes manifestations dégénèrent très souvent en violence, faisant d'importants dégâts matériels, blessant de nombreuses personnes, dont des gardiens de la paix, et occasionnant parfois des morts. À l'évidence, l'Autorité qui en aurait les moyens n'a pas la volonté de faire respecter le légendaire « *État de Droit* ».

Anathème et accusations de révisionnisme

La mémoire et le souvenir de ces années sombres furent dès la libération pris en mains par les acteurs des évènements. Plusieurs associations d'anciens résistants, auxquelles s'adjoindront les anciens combattants et les déportés revenus des camps, s'établirent. Des lieux de mémoire, de différentes importances, seront édifiés, les plus emblématiques étant la nécropole de Morette et son musée, ainsi que l'œuvre monumentale du plateau des Glières. Mais d'autres lieux dans le Chablais, à Habère-Lullin, à Foges et ailleurs virent aussi l'édification de monuments commémoratifs. Partout en Chablais, dans le Faucigny et dans le Genevois, une multitude de stèles furent installées à des périodes différentes. Elles demeurent toujours bien entretenues et fleuries à l'occasion des cérémonies du souvenir. Le temps passant, les acteurs disparurent et le flambeau fut repris par leurs descendants assistés de sympathisants qui perpétuèrent fidèlement le souvenir de leurs glorieux anciens. Comme nous l'avons vu plus haut, la mémoire et le souvenir furent longtemps une affaire de familles qui, probablement sans s'en rendre

---

[301] Comprendre « *carte blanche* ».

compte, s'approprièrent une forme de monopole de la légitimité mémorielle. À mesure que les archives se constituèrent et s'ouvrirent au public, des travaux de recherche, généralement d'origine universitaire, apportèrent à l'historiographie existante des compléments, parfois des rectifications de données factuelles qui conduisirent à l'introduction de nuances dans de nouvelles interprétations des faits.

Quelques-uns de ces travaux reçurent, de la part de certaines parties prenantes, un accueil hostile qui s'exprima parfois violemment, par voie orale, le verbe haut, ou même écrite dans des articles de presse, dans des blogs ou dans d'autres ouvrages. Ce qui pourrait être compréhensible lorsque ces réactions émanèrent de personnes directement touchées par le drame, l'est beaucoup moins quand elles proviennent de protagonistes qui, se revendiquant historiens, devraient être attachés à l'historicité des évènements. Les condamnations péremptoires en révisionnisme, la disqualification et le boycott de ces travaux relèvent, en réalité, plus d'une forme de culture de l'effacement que d'une véritable volonté d'éclairer le présent à la lumière du passé.

Voir la vie en noir et blanc, sans nuances de gris, est certes plus simple, mais cela n'aide pas à comprendre la complexité d'une période qui, par sa soudaineté, son intensité et son inintelligibilité, bouleversa la vie de millions de personnes qui, dans un chaos indescriptible, se trouvèrent projetées dans des destinées qu'elles n'avaient pas choisies. Il faudra très certainement attendre encore quelques années, pour que les douleurs et les passions s'apaisent définitivement et que les historiens puissent enfin écrire un récit compris de tous.

Épilogue

Les évènements tragiques qui se sont déroulés en 1944 en Haute-Savoie s'inscrivirent dans le prolongement d'un très long processus historique. Ils se développèrent dans un environnement géographique et culturel marqué par la montagne, la religion et la proximité d'un voisin neutre, avec lequel les Savoyards avaient une certaine proximité de tempérament.

Dans le Chablais, ces épreuves dramatiques ressemblèrent, à bien des égards, à un énième épisode des guerres de religions, dont les crises les plus aiguës furent la grande Terreur de 1793 et les lois de séparation des Églises et de l'État. La vie en Haute-Savoie durant cette période d'occupation aurait pu être moins tourmentée et moins dramatique, si des groupes politiques ne s'étaient pas laissé aller à des actions inconsidérées et très souvent vaines, qui débouchèrent sur une guerre civile occasionnant la mort et le martyre de dizaines de civils innocents, issus des deux camps ou, parfois plus simplement, situés entre les deux.

Sans verser dans l'uchronie, on peut raisonnablement estimer que les Alliés et les Forces Françaises Libres, qui avaient débarqué le 15 août en Provence et libéré Grenoble le 22 avec, il est vrai, l'appui précieux de la Résistance, auraient probablement débarrassé Annecy de ses occupants nazis avant la fin du mois d'août. Les Alliés anglo-saxons avaient été longtemps méfiants à l'égard des maquisards, et cela en raison de leur branche communiste, mais ils durent admettre malgré tout que sans leur aide, leur tâche aurait été beaucoup plus longue et difficile.

C'est alors que ceux qui avaient débuté la guerre dans le camp ennemi se lancèrent dans une épuration en dehors de tout cadre légal. Il est vrai que leurs modèles ne s'étaient guère embarrassés de règles de Droit, quelques années plus tôt, pour mener leur purge lors de procès retentissants. La captation de l'énergie de la jeunesse par des idéologues qui la mirent au service de leur projet politique fut l'une des principales causes de ce terrible affrontement.

Le choix de s'engager d'un côté ou de l'autre répondait pour certains jeunes gens à des convictions profondes et bien ancrées. Pour de nombreux autres, il relevait plus d'opportunités ou de la préférence du destin. Dans la grande majorité des cas, il répondait à la volonté de se soustraire au Service du Travail Obligatoire. À la libération du Pays, certains de ces combattants ressentirent de la déception et de l'amertume qui, pour d'autres virèrent à l'aigreur. Ceux-ci n'avaient pas compris que leur combat s'inscrivait dans une lutte contre l'ennemi et non pas dans le déclenchement d'une nouvelle révolution.

Parmi les francs-gardes du Grand Bornand et les miliciens supposés d'Annemasse, bien peu méritaient le châtiment suprême, si tant est qu'il soit possible de mériter la mort. Mais les bas instincts de milices supposées patriotiques prirent le dessus sur la raison et l'humanité. Leur projet n'était-il pas de prendre le pouvoir par la force ? Même s'ils s'aperçurent bien vite qu'ils n'en avaient pas les moyens, l'intention et les actes en conséquence étaient bien là. Ces pseudos juges de circonstances diront plus tard, vraisemblablement pour se déculpabiliser, que s'ils n'avaient pas commis l'irréparable, d'autres s'en seraient chargés à leur place. Drôle de protection que celle consistant à tuer quelqu'un pour le défendre d'un autre ! Au-delà de ce procès d'intention gratuit, ils avouaient ainsi que leurs

Épilogue

décisions n'avaient pas grand-chose à voir avec le Droit, ni avec la Justice. Il s'agissait plutôt de fusiller pour l'exemple.

Que deviendront le Monde, la France, la Haute-Savoie dans les années, les décennies à venir ? Les antagonismes qui prévalaient au début du XXe siècle et qui conduisirent à deux guerres mondiales se sont-ils dissipés ? L'antisémitisme a-t-il disparu ? Plus prompts à mettre en exergue ce qui divise que déceler ce qui rassemble, certains attisent les haines au risque de mettre en péril l'édifice vulnérable de notre précieuse démocratie. Gageons qu'un sursaut se déclenchera pour que les Esprits reprennent conscience du sens de la Vie.

Postface

Le destin d'un pays, d'une région, d'une ville dépend fort logiquement de ce que veulent bien en faire leurs habitants.

La petite bourgade d'Allobrogie, nommée Namasce[302], qui au début du IIe siècle accueillait un temple romain, a longtemps, comme ses voisines, somnolé dans les limbes du haut Moyen Âge, située dans un environnement géographique avantageux, à la sortie d'une vallée alpine et à proximité d'un grand lac au bord duquel une cité au destin étonnant va émerger. L'Histoire s'est alors accélérée. Les Hommes sont devenus plus nombreux et, inévitablement, ils se sont regroupés en communautés. Des luttes de pouvoir conduisirent à de nombreuses rivalités entre Comtes, Ducs, Evêques et Rois, puis des choix religieux antithétiques exacerbèrent la mésentente des populations. Le destin choisit alors de tracer une frontière entre la ville phare et son arrière-pays. Petit à petit, tels des continents qui dérivent, et au gré de décisions imposées, les frères de sang prirent des directions opposées. La grande sœur se rattacha à un peuple pragmatique et réaliste et prit une orientation libérale, dans sa version la plus noble. Les petits frères, quant à eux, furent absorbés dans le marasme d'un peuple qui, le temps passant, devint de plus en plus confus. L'incompréhension des uns et des autres devint rédhibitoire. Les uns avaient compris que l'énergie des émotions (e-

---

[302] Nom romain de la ville d'Annemasse.

motions) met en mouvement les individus, tandis que les autres, sous le joug d'un système semi-collectiviste et suradministré, virent leur capacité à entreprendre réprimée par une législation kafkaïenne.

Genève devint une place financière, tirant une grande partie de ses revenus du négoce international et, dans un cercle vertueux, accueillit le siège des plus grandes organisations internationales. Les petits artisans de la ville trouvèrent dans cet écosystème bienveillant l'opportunité de développer leur fabrication horlogère, qui progressivement se diversifia et se tourna vers le luxe en essaimant à l'international. Annemasse, ville insolite qui avait été désignée au hasard des traités comme porte d'entrée de ce nouvel Eldorado, profita de cette situation et une activité industrielle et commerciale prospéra pour devenir florissante.

Mais la fin des *Trente Glorieuses*, aggravée par des changements politiques concomitants et malheureux, conduisit, au début des années 80, à une entrée en récession. La désindustrialisation s'amorça et, localement, elle fut aggravée par l'augmentation du prix du foncier. Les industries quittèrent Annemasse, et face à cette mutation de l'environnement économique, les responsables politiques de la ville d'alors restèrent cois. Alors que leurs prédécesseurs d'avant-guerre, et même certains d'après-guerre, étaient pour beaucoup des entrepreneurs ou des négociants rompus à l'économie et à la gestion, ceux de cette période furent des fonctionnaires hermétiques à l'économie de marché et, pour certains, adeptes du collectivisme, ignorant que la condition *sine qua non* à la redistribution de la richesse est de l'avoir préalablement créée. Sans solutions et sans imagination, ils vont progressivement transformer la ville en un gigantesque dortoir du canton de Genève, à grands coups de logements aidés, provoquant ainsi un formidable afflux de populations venues d'ailleurs, dont l'employabilité s'avérera, pour certaines, improbable. La paupérisation de la ville va s'amorcer, l'insécurité se développer et les personnes à forts revenus vont progressivement quitter la ville. Les commerces prestigieux fermeront un à un et la ville va peu à peu, en plusieurs endroits, se ghettoïser en attirant une importante population flottante, constituée souvent de marginaux vivant pour beaucoup de trafics ou de fraudes en tous genres.

Contrairement à ce que dit un ancien Maire, dont les habitants de la ville ont par ailleurs apprécié son honnêteté et son intégrité, Annemasse n'est pas une ville d'aubaine, mais une ville d'opportunités. La différence est de taille, car si l'aubaine vous tombe dessus, l'opportunité demande un effort pour s'en saisir. Aujourd'hui, l'économie de la ville repose quasi-exclusivement sur les revenus des employés frontaliers, qui par leur travail intensif (42 heures de travail hebdomadaire, 4 semaines de congés payés, auquel il convient d'ajouter de longues heures de transport et une protection sociale a minima), soutiennent à bout de bras, directement ou indirectement, l'économie de la ville. Force est de constater que cette petite ville prodige est devenue le mouton noir de ce bassin lémanique où les *Somewhere* et les *Anywhere* - les gens d'ici et ceux de nulle part - se croisent sans jamais se rencontrer. La légendaire problématique du Grand Genève ne résulte que de la dissonance de deux pays aux structures politiques et économiques antagoniques.

Dans ma vie de Globe-Trotter, j'ai quelquefois éprouvé le choc saisissant du passage d'une frontière séparant un pays prospère d'un pays dans le besoin. La première fois fut lors de mon passage de l'Allemagne Fédérale à l'Allemagne de l'Est, avant la chute du mur de Berlin. La seconde me fut donnée lors du franchissement de la limite séparant les États-Unis du Mexique. Chaque fois qu'en rentrant de Genève je traverse la frontière à Moëllesullaz, je ressens la même émotion de désespoir. Qu'ont fait nos hommes politiques pour en arriver là ?

Les Annemassiens et leurs voisins immédiats sauront-ils réagir ? Ils tiennent en tout cas le destin de leur ville entre leurs mains.

Reconnaissance

Nous sommes tous le produit et la manifestation consciente et inconsciente de notre psyché, de notre expérience, de notre éducation, mais aussi de notre environnement culturel et affectif, qui font de nous des êtres uniques. Dans son parcours, un individu rencontre de nombreux semblables et se trouve confronté à de multiples situations qui influencent grandement, ou plus subtilement, sa trajectoire, sa façon de voir les choses, et qui l'amènent à se poser des questions pour tenter de comprendre la complexité du monde qui l'entoure. Et puis, il ressent le besoin de transmettre, ou plus simplement de communiquer en laissant une empreinte qui, inéluctablement, s'effacera avec le temps, mais qui aura aussi, à sa façon, exercé son influence sur le monde, fusse-t-elle modeste.

Mes premières pensées vont à mes Parents, Jean et Solange, qui m'ont éduqué et transmis leurs valeurs en m'entourant de leur affection. Tous deux ont été affectés par la Seconde Guerre mondiale qu'ils ont traversée à l'âge de l'adolescence.

Viennent ensuite mon épouse, Kimberly, et mon fils, Jean, qui m'ont apporté le soutien et les encouragements nécessaires pour parvenir au terme de cette tâche.

Je souhaite aussi témoigner mon affectueuse reconnaissance à mes tantes, Anna, Marie-Thérèse et Marthe, qui, arrivées au soir de leurs vies, m'ont patiemment expliqué leurs expériences de cette période de la guerre en Haute-Savoie.

Je n'oublie pas mon frère Olivier, qui a accepté de relire attentivement le manuscrit de ce travail.

Mon estime et ma gratitude vont également à Monsieur Daniel Berthoud, expert du domaine de l'Histoire, qui m'a prodigué ses précieux conseils.

Enfin, j'adresse mes sincères remerciements aux personnels des Archives Départementales de la Haute-Savoie, de la Direction Culture Patrimoine du même département et des Archives Municipales de la ville d'Annemasse, qui m'ont aimablement accueilli et renseigné.

Sources et références bibliographiques

Archives publiques

Archives Départementales de la Haute Savoie :

ADHS 49 W – Versement de la Préfecture.

   49 W 9 – Enquêtes sur l'attitude des particuliers pendant la guerre.

   49 W 10 - Commissions d'Épuration.

   49 W 11 - Cours martiales, cours de justice.

ADHS 2882 W - Archives du Comité de libération du secteur d'Annemasse (1940-1945).

   2882 W 7 - Miliciens condamnés par la Cour Martiale et fusillés le 7 septembre 1944 : interrogatoires, correspondance – 1944.

   2882 W 6 - Indignité nationale : listes de noms proposés, interrogatoires, correspondance, notes de renseignements – 1944 - 1945.

Archives Direction Culture et Patrimoine (Haute Savoie) :

   315 J 47.

   315 J 90-91

Archives Municipales d'Annemasse :

   57.122 - Exhumations des corps des miliciens fusillés le 7 septembre 1944 (1949)

Archives Centre d'Histoire de la Résistance et de la Déportation (Lyon) :

AR 38 - Fonds André Allombert, Documents relatifs à la Résistance annemassienne.

AR 279 - Entretien-vidéo d'André Allombert, 26 février 1991.

Archives de la radiotélévision suisse :

https://www.rts.ch/archives/

Références relatives à la période 1940 – 1945

Ouvrages édités :

Abrahams Paul, *La Haute-Savoie contre elle-même : 1939-1945*, Éd. La Salévienne et l'Académie du Chablais, 2006, 372 p.

Alary Éric, *Joseph Darnand – de la gloire à l'opprobre*, Éd. Perrin, 379 p.

Amoudruz Robert, *Brûlement de villages au pays du Vuache,* Éd. La Salévienne, 2003, 314 p.

Amoudruz Robert, *La B.R.I du commandant Amiot : Histoire de la Brigade Rouge Internationale de Savoie, 1944*, Éd. Bellier, 2007, 321 p.

Amoudruz Robert et Gavard Guy, *Annemasse, la frontière et Genève - 1939 – 1945*, une histoire singulière, Éd. La Fontaine de Siloé, 2014, 460 p.

Amouroux Henri, *La grande histoire des Français après l'occupation, Tome IX : Les règlements de comptes 1944-1945*, Éd. Robert Laffont, 1991, 766 p.

Barbier Claude, *Valeurs spirituelles et engagement, diversité et oppositions : Vote communiste et adhésion à la Milice dans le Chablais*, Actes du colloque Résistance de l'Esprit – Esprit de Résistance, Échos Saléviens, Revue d'Histoire Régionale, N°21, 2014, pp 23 – 30.

Barbier Claude, *Le Maquis de Glières – Mythe et réalité*, Éd. Perrin, 2014, 466 p.

Sources et références bibliographiques

Barbier Claude, *Crimes de guerre à Habères-Lullin*, Éd. La Salévienne, 2013, 449 p.

Barbier Claude, *Mourir à 19 ans : François Servant et le corps franc Simon*, ISBN 2957813009, 2021, 518 p.

Berlière Jean-Marc, *Service d'ordre légionnaire (SOL)*, dans : Polices des temps noirs - France 1939-1945, Éd. Perrin, 2018, pp 1142-1145.

Berlière Jean-Marc, *Service de Police anticommuniste (SPAC) et Service de Répression des Menées Anti Nationales (SRMAN)*, dans : Polices des temps noirs - France 1939-1945, Éd. Perrin, 2018, pp 1146-1165. (https://www.cairn.info/polices-des-temps-noirs-9782262035617-page-1146.htm).

Bussière Michel et Robert Poirson, *Robert Poisron [sic], membre de la cour martiale du Grand-Bornand mise en place à la Libération pour juger les miliciens,* dans : La justice des années sombres, Histoire de la Justice, n° 14, 2001, p 255-272. (https://droit.cairn.info/revue-histoire-de-la-justice-2001-1-page-255?).

Cauchy Pascal, *Les six miliciens de Grenoble,* Éd. Vendémiaire, 2015, 213 p.

Collectif, *Le Grand Bornand 19-24 août 1944*, Imprimeries Jeanton, 1989.

Cordier Daniel, *La victoire en pleurant - Alias Caracalla 1943-1946*, Gallimard, 2021.

Croquet Jean-Claude, *Chemins de passage – Les passages clandestins entre la Haute-Savoie et la Suisse de 1940 à 1944*, Éd. La Salévienne, 1996, 128 p.

Dallest Jacques, *L'Épuration – Une histoire interdite*, Éd. Du Cerf, 2022, 334 p.

De Gaulle Charles, *Mémoires de guerre – Le Salut : 1944-1946,* t. III, Paris, Éd. Plon, 1959 ; rééd. Pocket, 1999 (nouvelle édition 2006, texte intégral), 567 p. pp. 300-301.

Ferro Marc, *Pétain*, Paris, Hachette, coll. « Pluriel », 2009 (1re éd. 1987, Fayard), 789 p.

Germain Michel, *Le sang de la barbarie*, Éd. La Fontaine de Siloé, 1992, 336 p.

Germain Michel, *Le prix de la liberté, Chroniques de la Haute Savoie des Glières à la Libération, 26 mars 1944 – 19 août 1944 et au-delà...*, Éd. La Fontaine de Siloé, 1993, 390p.

Germain Michel, *Histoire de la Milice et des Forces du maintien de l'ordre en Haute-Savoie 1940-1944*, Éd. La Fontaine de Siloé, 1997, 507 p.

Germain Michel, *La vérité vraie sur le procès de la Milice et des miliciens au Grand Bornand du 19 au 24 août 1944*, Éd. La Fontaine de Siloé, 2012, 235 p.

Giroud Nicole, *Mission et calvaire de Louis Favre – La filière franco-suisse*, Éd. Cabédita, 2012, 255 p.

Guédu Pierre, *Féternes et le pays de Gavot au cœur de la résistance (1939-1945)*, Collection Regards sur la Résistance, ANACR, 2016, 187 p.

Jackson Julian, *Le procès Pétain – Vichy face à ses juges*, Éd. du Seuil, 2024, 448 p.

Lottman Herbert, *L'Épuration 1943-1953*, Éd. Fayard, 1986.

Martignoles Nicolas, *Foges – Histoire et mémoire d'un combat de la Résistance*, Éd. Jacques André, 2023, 128 p.

Mauveaux Jean-François, *Parcours d'un terroriste de l'année 1944, du Maquis de la Haute-Savoie à Berlin*, Éd. Delfimedia, 186 p.

Mouthon Pierre, *Haute-Savoie 1940-1945, Résistance, Occupation, Collaboration*, Éd. du Sapin d'or, 1993.

Paisant Constant, *Combattant des Glières, j'étais franc-tireur et partisan*, Éd. Curandera, 285 p.

Paxton Robert O., *La France de Vichy : 1940-1944*, Éd. du Seuil, 1973, 475 p.

Peyraud Christine, *Adèle Barrucand, Une Savoyarde dans l'action sociale 1939 – 1945*, Éd. La Fontaine de Siloé, 2017, 325 p.

Truffy Jean, *Les mémoires du curé du Maquis de Glières*, Imprimerie Abry, 1950, 128 p. (réédition numérique FeniXX).

Zénoni André, *Saint-Gingolph et sa région frontière dans la Résistance 1940-1945 : entre lac et montagnes du Chablais ... : haut lieu de la Résistance française*, Imprimerie Montfort, Monthey, CH.

Travaux Universitaires :

Abrahams Paul, *Revolution, Reaction and Resistance in Vichy France, Haute Savoie at War*, Thèse de Doctorat, Université de Cambridge, 1991, 327 p.

Barbier Claude, *Des "événements de Haute-Savoie" à Glières, mars 1943-mai 1944 : action et répression du Maquis savoyard*, Thèse de Doctorat, Université Paris 1 Panthéon-Sorbonne, 2011, 2 vol., 1070 p.

Bernard-Saarelainen Éric, *Les prisonniers de guerre en Haute-Savoie 1944-1948*, Mémoire de Master II, Université de Besançon, 2024.

Dozol Vincent, *Annemasse ville frontière 1940-1944*, Mémoire de Séminaire, Université Lumière, Lyon, 2010, 89 p.

Neury Laurent, *Entre les mailles du filet ? Vivre et survivre sur le versant français de la frontière franco-genevoise de 1933 à 1947*, Thèse de Doctorat, Université de Genève, 2008.

Vandenhelsken Léa, *Miliciens et miliciennes en sortie de guerre : jugements et représentations d'un groupe collaborateur (1943-1951)*, Mémoire de Master 2, Université Paris 1 Panthéon-Sorbonne, 2020, 286p.

Références générales

Ouvrages édités :

Barbier Claude et Pierre-François Schwarz, *Communes réunies, Communes démembrées, Atlas historique du pays de Genève*, Vol. 2, Éd. La Salévienne, 2017, 177 p.

Bensoussan Georges (alias Emmanuel Brenner) et alii, *Les Territoires perdus de la République - antisémitisme, racisme et sexisme en milieu scolaire*, Éd. Mille et une nuits, 2002, 238 p.

Branca Éric, *La République des imposteurs - Chronique indiscrète de la France d'après-guerre 1944-1954*, Éd. Perrin, 2024, 311 p.

Camus Albert, *Œuvres Complètes,* Gallimard, 2006.

Catala Michel, *L'ambassade espagnole de Pétain (mars 1939-mai 1940),* Vingtième Siècle. Revue d'histoire, 55, 1997, pp. 29-42. (https://www.persee.fr/doc/xxs_02941759_1997_num_55_1_3661)

Chatelain Claude, *Les Cousins, Les Savoyards de la Pampa,* Éd. La Fontaine de Siloé, 1995, 335 p.

Collectif, *La Gare d'Annemasse : Passé, Présent et Avenir*, Collection Patrimoine Annemassien, Imprimerie IMP Alpes, 2003, 67 p.

Courtois Stéphane et alii, *Le Livre noir du communisme. Crimes, terreur, répression,* Éd. Robert Laffont, 1997, 846 p.

Du Bellay Joachim, *Les Regrets*, Éd. Forgotten Books, 2018, 128.

Dufournet Paul, *La Savoie dans la Révolution avec les Conventionnels Jean-Baptiste Carelli de Bassy et Anthelme Marin*, Mémoires et documents publiés par l'Académie salésienne, 1989, 324 p.

Ernst Dominique, *Les histoires extraordinaires du Genevois,* Tome 6, Éd. Le Messager, 2024, p 63 – 66.

Fourquet Jérôme, *La France d'après – Tableau politique,* Éd. du Seuil, 2023, 543 p.

Gavard Guy, *Histoire d'Annemasse et des communes voisines – Les relations avec Genève de l'époque romaine à l'an 2000*, Éd. La Fontaine de Siloé, 2006, 439 p.

Guichonnet Paul, *Histoire de l'Annexion de la Savoie à la France*, Éd. Horwath, 1982, 354 p.

Laurent Jules, *Histoire d'Annemasse*, Monographies des villes et villages de France, Éd. le Livre d'histoire, 2010, 158 p. (Cet exemplaire est une réédition du livre paru à la Société d'Éditions Savoyarde en 1938).

Richard Gérald, *L'aventure des Haut-Savoyards en Algérie, une histoire de l'émigration*, Éd. Cabédita, 2018, 256 p.

Masson Philippe, *Histoire de l'Armée française, de 1914 à nos jours*, Éd. Perrin, 1999, 507 p.

Ménabréa Henri, *Histoire de la Savoie*, Éd. Bernard Grasset, 1933, 393 p.

Péan Pierre, *Une jeunesse française, François Mitterrand 1934-1947*, Éd. Fayard, 1994, 615 p.

Péguy Charles, *Notre jeunesse*, Éd. Gallimard, Coll. Folio Essais, 1993, 344p.

Renan Ernest, *Qu'est-ce qu'une nation*, Éd. Mille et une Nuits, 2023, 44 p.

Tandonnet Maxime, *André Tardieu*, Éd. Perrin, Coll. Tempus, 2017, 377 p.

Weil Simone, *L'Enracinement, Prélude à une déclaration des devoirs envers l'être humain*, Éd. Gallimard, 1949.

Travaux Universitaires :

Beau Laurent, *Du local au national : une nouvelle approche des pertes de 1914-1918 par département*, Le Mouvement social, avril-juin 2017, p 73.

Deloche Esther, *Le diocèse d'Annecy de la Séparation à Vatican II (1905-1962)*, Thèse de Doctorat, Université Lumière - Lyon II, 2009. (https://theses.hal.science/tel-01540250)

Guichonnet Paul, *La géographie et le tempérament politique dans les montagnes de la Haute-Savoie*. In : Revue de géographie alpine, tome 31, n°1, 1943. pp. 39-85.

L'Huillier Jean, *L'affaire des zones franches devant la cour permanente de justice internationale*, Les Études rhodaniennes, vol. 8, n°3-4, 1932, pp. 145-170.

(https://www.persee.fr/doc/geoca_11646268_1932_num_8_3_3904

Mouton Léa, *Valorisation du patrimoine linguistique dans l'Arc Alpin à travers l'étude de la conscience linguistique*. Sciences de l'Homme et Société. 2016. (ffdumas-01333351f)

Palluel-Guillard André, Sorrel Christian, Ratti Guido et al., *La Savoie de la Révolution à nos jours, XIXe- XXe*, Paris, Éd. Ouest France, 1986, 606p.

Tabouy Laure, https://theconversation.com/comment-les-neurosciences-expliquent-elles-la-conscience-232312.

Autres Sources

Films documentaires :

Beccu Pierre, *Une guerre, une vallée,* Bas canal Productions, 2015, 100 min.

Chegaray Denis et Doat Olivier, *L'Épuration – Haute-Savoie 1944,* documentaire télévisé, La Sept, 1992. (Ce documentaire aurait été diffusé sur FR3 en trois parties que l'on trouve sur le web).

Favre Bernard, *Cette lumière n'est pas celle du soleil,* Cinémathèque des Pays de Savoie et de l'Ain, 2013, 97 min.

Leone Florent et Weber Christophe, *Quand la gauche collaborait, 1939-1945,* documentaire France Télévisions, 2017, 52 min.

Leone Florent et Weber Christophe, *Quand l'extrême droite résistait, 1939-1945,* documentaire France Télévisions, 2017, 55 min.

Sites web :

Autour du Mont Blanc : https://www.autourdumontblanc.com

Haute-Savoie le Département :
https://resistants-secondeguerre.hautesavoie.fr/
https://resistants-secondeguerre.hautesavoie.fr/temoignage-dandre-allombert-sur-les-reseaux-de-resistance-a-la-gare-dannemasse/

Mémoire des Alpins :
https://www.memoire-des-alpins.com/historique-des-troupes-alpines/1944-1945-2/bataille-des-alpes/mont-blanc/

Le Maitron : dictionnaire biographique du mouvement ouvrier : https://maitron.fr/

Le Souvenir français de Haute-Savoie : https://souvenir74.fr/

Le parcours mémoire du Juvénat :

https://parcoursmemoirejuvenat.jimdofree.com/

Presse :

Le Journal de Genève du 9 septembre 1944 :
https://www.letempsarchives.ch/

Le Progrès de la Haute-Savoie du 14 septembre 1944.

Le Figaro le 21 février 2024 : *La mort de Missak Manouchian suscite l'admiration mais son héroïsation a été construite par le PCF*, par Stéphane Courtois.

Le Figaro du 16 septembre 2023 : *Quand des catholiques étaient persécutés par la IIIe République*, par Guillaume Perrault.

Le Messager du 5 novembre 2023 : *Le chanoine Abel Jacquet, un authentique héros doublé d'un historien du Genevois*, par Dominique Ernst.

Le Messager du 4 avril 2024 : *Magnin, pattier ou coquetier : de petits métiers anciens et itinérants, aujourd'hui disparus*, par Dominique Ernst.

Divers :

Abbé Ducroz Étienne, *Mémoires écrits* dans : Michel Germain, La vérité vraie sur le procès de la Milice et des miliciens au Grand Bornand du 19 au 24 août 1944, pp 211-234.

Gavard-Pivet Alexis, *Carnets de guerre 1914-1915*, collection privée.

Abréviations

Abwehr : Service de renseignement de l'état-major allemand.

ACJF : Association Catholique de la Jeunesse Française.

ADHS : Archives Départementales de la Haute-Savoie.

ADP : Artisans du Devoir Patriotique.

AMA : Archives Municipales d'Annemasse.

AS : Armée Secrète.

BCRA : Bureau Central de Renseignements et d'Actions.

BRI : Brigade Rouge Internationale.

CDL : Comité Départemental de la Libération.

CHRD : Centre d'Histoire, de la Résistance et de la Déportation.

CNL : Comité National de la Libération.

CNR : Conseil National de la Résistance.

FFI : Forces Françaises de l'Intérieur.

FFL : Forces Françaises Libres.

FTP : Francs-Tireurs et Partisans.

GESTAPO: GEheime STAatsPOlizei (Police politique).

GMR : Groupe Mobile de Réserve.

GPRF : Gouvernement Provisoire de la République Française.

LFC : Légion Française des Combattants.

LVF : Légion des Volontaires Français.

MJS : Mouvement de Jeunesse Sioniste.

MRP : Mouvement Républicain Populaire.
MUR : Mouvements Unis de la Résistance.
NAP : Noyautage des Administrations Publiques.
OSE : Œuvre de Secours aux Enfants.
PCF : Parti Communiste Français.
PGA : Prisonnier de Guerre Allemand.
PPF : Parti Populaire Français.
RNP : Rassemblement National Populaire.
SD : SicherheitsDienst (service de renseignement et de maintien de l'ordre de la SS).
SFIO : Section Française de l'International Socialiste.
SIPO-SD: SIcherheitsPOlizei (Police de sûreté).
SIS : Secrete Intelligence Service (connu aussi sous le nom de MI6)
SOE : Special Operations Executive.
SOL : Service d'Ordre Légionnaire.
SN : Secours National.
SPAC : Service de Police Anti-Communiste.
SRMAN : Service de Répression des Menées Anti-Nationales.
SS : SchutzStaffel.
STO : Service du Travail Obligatoire.

Index des noms

A

Albite Antoine-Louis, 42
Allombert André, 90, 218
Amédée VIII, 36
Antonelli Étienne, 69
Asinari de Saint-Marsan Philippe, 44
Aubrac Raymond, 128
Augagneur André, 136, 138, 152
Auriol Vincent, 176
Avrillon Jean, 42

B

Balmat Jacques, 38
Balthazard Ernest, 86
Barberoux Yves, 111
Barrucand Adèle, 87, 173, 220
Bartholoni Anatole, 54
Bartholoni François, 57
Bartholoni René, 68
Bastin Alfred, 61
Baz Romain, 130, 139, 153

Bénouville Pierre, 95, 96, 182, 183
Berthollet Claude-Louis, 38
Bettencourt André, 182
Bidault Georges, 176
Bismarck Otto, 66
Blanc René, 94, 97
Blum Léon, 72, 73, 163, 176
Boccagny Albert, 119, 176
Boccard Aimé, 40
Boccard Gaspard-Henri, 40
Bonfils Francis, 136, 138
Bourbaki (général), 56
Brasillach Robert, 170
Briand Aristide, 69
Bruckberger (Père), 166

C

Cachat Julien, 136, 138, 145
Carnot Sadi, 59
Carrier, 94
Carrier Jean, 98

Cavour Camillo (Comte), 49, 50, 51, 55
Cazeaux Guy, 106, 107
César Duval, 58
Cesbron (Évêque), 93
Cettour-Rose François, 136, 138
Charles X, 56
Charles-Albert, 47, 49, 56
Charles-Emmanuel Ier, 118
Charles-Emmanuel III, 38
Charles-Félix, 47
Chautemps Camille, 72, 73, 74, 178
Chenal Joseph-Agricola, 50
Churchill Winston, 73, 94
Cohn Marianne, 105
Collardey Marcel, 87, 90
Combes Émile, 60
Comet Jean, 136, 137, 152
Coquand, 67
Courriard Marc, 56, 58
Curioz Albert, 95, 124
Cursat Joseph, 61

D

D'Agostini Raoul, 111, 112
D'Alembert Jean, 37
D'Astier de la Vigerie Emmanuel, 95
D'Estienne d'Orves Honoré, 114
Daladier Edouard, 73, 75, 114, 163
Darlan (Amiral), 84, 168
Darnand Joseph, 11, 108, 111, 113, 165, 166, 167, 170, 218
David Fernand, 61

De Gaulle Charles (Général), 71, 74, 84, 93, 94, 95, 96, 97, 121, 128, 129, 138, 165, 166, 175, 178, 180, 181, 182, 184, 190, 202, 219
De Gaulle-Anthonioz-Geneviève, 174
De Lattre de Tassigny (Maréchal), 158
De Lattre de Tassigny (Maréchal), 101, 102
De Maistre Joseph, 40, 42
De Menthon François, 69, 84, 93, 176
De Saint-Sulpice Marcel, 94
De Saussure Horace-Bénédicte, 38
De Vaugelas Jean, 112
De Vigny André (Général), 95
Déat Marcel, 93
Deffaugt Jean, 13, 20, 86, 90, 106, 122, 123, 140, 141, 143, 175, 176
Delestraint Charles (Général), 96
Desclouds (Abbé), 89
Dessaix (Général), 40
Detmar Charles, 108
Diderot Denis, 37
Doriot Jacques, 92
Doumergue Gaston, 72, 76, 168
Dreyfus Alfred (Capitaine), 59, 76, 161
Dulles Allen, 89
Dusonchet Claude Philippe, 47, 53, 54
Duval César, 58

Index des noms

F

Farge Yves, 134
Favre Louis (Père), 88, 89, 94, 95, 100, 105, 124, 220
Fazy James, 49
Ferry Jules, 17, 33, 61
Foch Ferdinand (Maréchal), 64, 65, 76, 83
Folliet Camille (Abbé), 99
Fourcade Marie-Madeleine, 94
Franchet d'Espèrey Louis (Général), 65
Francillon Charles, 95, 124
François de Sales, 95, 118
Frarin Jean-Baptiste, 40, 43
Frenay Henri, 94, 95, 173
Frère Aubert (Général), 96
Frichelet-Avet Marguerite, 42

G

Gambetta Léon, 55, 57
Gamelin Maurice (Général), 74
Garibaldi Giuseppe, 50, 51, 56
Genet Henri, 97
Gentil François, 41, 58
Grandchamp, 94, 99
Groussard Georges (Colonel), 94, 166
Gubier Irène, 95
Guidollet Georges, 129, 138
Guy Amédée, 75

H

Herriot Edouard, 69, 163, 178
Hitler Adolf, 65, 71, 72, 82, 114, 168
Humbert aux Blanches Mains (Comte), 35
Huntziger Charles (Général), 82

I

Isorni Jacques, 84, 162, 164

J

Jacquet Abel (Chanoine), 89, 225
Jacquier Paul, 69
Joffre Joseph (Maréchal), 64
Jolivet Marius (Abbé), 89
Jules Grévy, 57

K

Kessel Joseph, 163

L

Lagrange Joseph-Louis, 38
Lambroschini Joseph, 121, 130
Laval Pierre, 84, 134, 164, 167, 168, 169, 170
Lavoisier Antoine, 37
Lebrun Albert, 74, 75
Leclerc (Maréchal), 129, 179, 202
Lelong Georges, 104, 127
Lévy Jean-Pierre, 96, 129
Louis XIII, 36
Louis XIV, 36, 37

Louis XV, 37, 38
Louis XVI, 38, 48, 193
Louis XVIII, 56
Louis-Philippe, 47
Loustaunau-Lacau, 94
Lyautey Hubert (Maréchal), 76

M

Mac-Mahon Patrice (Maréchal), 56, 57
Mandel Georges, 71, 74
Manouchian Missak, 201, 225
Marion Charles, 104, 127
Marquet Eugène (Chanoine), 61, 89, 156
Martel Louis, 176
Martin Léopold, 99
Mas Lucien, 90
Massendès Jean, 136, 137, 152
Mauriac François, 163, 165
Mauveaux Jean-François, 101, 120, 127, 133, 220
Mazzini Giuseppe, 47
Millet Émile, 95, 124
Mitterrand François, 95, 179, 182, 183, 184, 223
Monge Gaspard, 37
Mongellaz Pierre-Joseph, 50
Montesquiou (Général), 40
Montessuit Claudius, 70, 90, 176
Môquet Guy, 114
Morel Théodose, 97, 102
Mornet André, 162
Moulin Jean, 91, 96

Mussolini Benito, 61, 168

N

Napoléon 1er, 43, 44, 47, 49
Napoléon III, 50, 51, 54, 55
Newton Issac, 37
Nivelle Robert (Général), 64, 83
Nizier, 121, 130, 134, 138

P

Paisant Constant, 101, 102, 113, 220
Perréard Alexandre, 59
Pétain Philippe (Maréchal), 11, 64, 72, 74, 75, 76, 77, 79, 83, 84, 91, 108, 137, 151, 162, 164, 166, 168, 183, 219, 220, 222
Pictet de Rochemont Charles, 44
Pissard Hippolyte, 50, 54
Poincaré Raymond, 64, 68, 69

R

Ranguin, 97, 123
Ravanel Serge, 129
Rendu (Monseigneur), 49
Révillard Irénée, 130
Reynaud Paul, 74, 77, 163
Rol-Tanguy, 202
Romans-Petit, 97
Rousseau Jean-Jacques, 25, 37

S

Servant François, 99, 219
Silva Clément, 57

Index des noms

Sommeiller Germain, 51, 53
Sopizet Charles, 136, 138
Staline Josef, 93, 168, 177, 203
Stavisky (Affaire), 72, 167
Stucky Walter, 163
Syord Edmond, 86, 139, 159

T

Tapponnier Paul, 68
Tardieu André, 71, 72, 180
Thiers Adolphe, 55, 56
Thorez Maurice, 92, 114, 178
Trochu (Général), 55
Truffy (Abbé), 100
Turreau (Général), 39

V

Valette d'Osia Jean, 97
Vergain Antonin, 91
Victor-Amédée II, 36, 38
Victor-Amédée III, 42
Victor-Emmanuel Ier, 46, 47
Victor-Emmanuel II, 49, 51
Vittoz Jean, 130, 139, 153
Voltaire, 37

W

Weil Simone, 165, 223
Weygand Maxime (Général), 76, 164

Table des matières

Avant-propos 7

Chapitre I : Une journée singulière 13
    Jeudi 7 septembre 13
    François A. 16
    Scènes de liesse et d'humiliations 20
    Guerre civile en Haute-Savoie 21

Chapitre II : Aux origines du mal 25
    De la prépondérance de la géographie physique 25
    Territoires et populations 29
    Parler savoyard et francoprovençal 32

Chapitre III : L'Histoire et le temps long 35
    Les idées se développent le ventre plein 36
    La Révolution française et l'Empire 39
    Traité de Turin et amputation du Genevois français 44
    Buon Governo et Risorgimento 46
    Annexion au Second Empire 51

Adaptation à l'Empire français 53
Naissance aux forceps de la troisième République 56
Premier conflit mondial..63
Traité de Versailles et abrogation de la Grande Zone 65
La lente agonie de la Troisième République 68
La débâcle et le suicide de la Troisième République............73
Henri Philippe Pétain..76

Chapitre IV : La longue traversée 79
Travail, Famille, Patrie 80
À mal nommer les choses 82
Annemasse, une ville d'accueil 85
L'entraide et les services sociaux de Vichy 86
Les filières de passage... 88
La Collaboration dans la cité frontalière 90
Résistance et réseaux de renseignements 93
La descente aux enfers...100
Les délateurs...106
La Milice française...107
La question du Parti communiste et des FTP..................... 113
Le très catholique Chablais..117
Libération d'Annemasse et de la Haute-Savoie................... 121

Chapitre V : Catharsis à bon compte......................125
L'Épuration sauvage ou la loi du Talion 125
L'État de Droit 129
Crimes de guerre..132

Retour sur la cour martiale d'Annemasse 136
Les cours de justice et les chambres civiques 156
La Haute Cour de Justice 162

Chapitre VI : Le jour d'après 171
L'internement des soldats allemands 171
La libération des prisonniers et des déportés 173
L'entente impossible 175
Le retour des bonimenteurs 177
La reprise en main gaulliste 180
L'arsouille ou l'imposteur 182
Haute-Savoie et Annemasse : de l'après-guerre à nos jours 186

Chapitre VII : Aujourd'hui 189
Foi et spiritualité 190
La laïcité : une nouvelle religion ? 191
Psychologie et neuroscience 192
Déni et délusions 195
Mémoire sélective et souvenirs altérés 196
Privilège rouge 204
Anathème et accusations de révisionnisme 205

Épilogue 207

Postface 211

Reconnaissance 215

Sources et références bibliographiques..................217
    Archives publiques 217
    Références relatives à la période 1940 – 1945.....................218
    Références générales 221
    Autres Sources 224

Abréviations... 227

Index des noms 229

Table des matières 235